Junior Plus 1

CAHIER D'EXERCICES

I.Saracibar
D.Pastor
C.Martin
M.Butzbach

CLE
INTERNATIONAL
www.cle-inter.com

Coordination éditoriale : E. Moreno

Direction éditoriale : S. Courtier

Conception graphique et couverture : Zoográfico

Photographie couverture : I. Rovira Casadevall

Dessins : D. B. Pérez, J. Bosch, M. Grez, J. L. Pardo Bragado,
A. Peinador, J. Rodríguez, Zoográfico

Photographies : Algar ; CONTIFOTO ; CONTIFOTO/CORBIS SYGMA/F. Trapper ;
CONTIFOTO/SYGMA/A. Brucelle, Jean-Pierre Amet ;
CONTIFOTO/VANDYSTADT/ZOO M/Eric Page ; DES CLICS/Fabien Malot ;
D. Larosière ; EFE/SIPA-PRESS LRC ; FACTEUR D'IMAGES/Fabien Malot ;
MANGOLD ; XUNTA DE GALICIA ; ARCHIVO SANTILLANA.

Recherche iconographique : M. Pinet, M. Barcenilla

Coordination artistique : P. García
Direction artistique : J. Crespo

Correction : B. Faucard-Martínez

Coordination technique : J. Á. Muela

Réalisation audio : Transmarato Espectacles, S.L.

Compositions musicales : A. Prio, A. Vilallonga, A. Vilardebo

Enregistrements et montage : Estudio Maraton

Coordination : S.-C. Delort, G. Marques

Assistance à la direction : I. Bres, H. Munné

Direction: A. Vilardebo

TABLE DES MATIÈRES

reconnais LE FRANÇAIS

1 Tu as déjà beaucoup de vocabulaire.
Colorie les étiquettes en français.

quadern · sorella · télévision · gomme · box · photographie · sardine · door · gazta · filho · hôpital · chave · règle · paraula · ἥλιος · wagen · libro · pájaro · bambino · imbécile · cinéma · carte postale · υγεία · etxe · struddle · mousse au chocolat · croissant · ballon · xogo

2 Écoute ces mots.

hôpital · chauffeur
carte postale · vidéo
moto · télévision · idiot

Compare avec ta langue.

4 Écoute quatre émissions de radio
en différentes langues.
Laquelle est en français ?

1	2	3	4

3 Entoure les nombres écrits
en français.

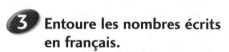

uno
one
(un)
τέσσαρες
quatre
catro
deux
due
bost
dois
three
cinq
trois
drei
cinc

5 Quel texte est en français ?

❶
A scuola

Stephen è un ragazzo american[o]
Nella sua classe ci sono dieci stu[denti]
e un ungherese. Gli studenti di q[...]

❸
استيقظتُ أُسرتي مُبكِّرةً ، وَرَكِبَت السَّيَارة
إلى القَرْيَة ، وَكان الْجَميعُ فَرِحينَ سُعَداءَ ، وَهُمْ
يَنْظُرونَ من نافِذة السَّيَارة ، وَيَرَوْنَ الْمَناظِرَ
الْجَميلَة في الْحُقُولِ الْخَضْراءِ ، حَتَّى وَصَلْنا
بسَلامَة اللهِ إلى قَرْيَتِنا .

❷ Alternativ-Energie
**Spanien führt bei
Windrädern**

Von den 50 effektivsten Windrädern der EU stehen 46 in Spanien. 38 dieser Windräder sind
spanische Entwicklungen und
wurden von der Barceloniner
Firma Ecotecnia gebaut. Für den

❹ **Tourist income**

Income from tourism in the first
nine months of this year was more
than 15.5 million euros, an increase
of 8.6% on the same period last
year, according to figures from the
Finance ministry. Spending by
Spaniards abroad was almost
3 billion euros, an increase of 13%.
The balance of tourist income thus
increased by 7.5% to more than
12.5 million euros.

❺ 64,4 % des enfants considèrent leur chien
comme un ami. 73,1 % pensent qu'il les
comprend et 70 % qu'il peut les consoler.

6 Retrouve les personnages mystérieux.

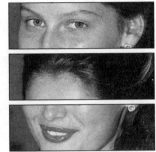
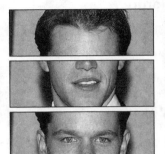

1) _C'est Montserrat_   2) _____
   Caballé.   _____   3) _____   4) _____
                                               _____   _____

comment
IL / ELLE S'APPELLE ?

7 Retrouve le texte de cette histoire.

8 Trouve la question.

1) _Comment il s'appelle_ ?
   Il s'appelle Édouard.

2) _____
   _____ ?
   Elle s'appelle Marie.

3) _____
   _____ ?
   Je m'appelle Paul.

4) _____
   _____ ?
   Il s'appelle Michel.

9 Trouve le pronom.

___Je___ m'appell**e**

_____ t'appell**es**

_____ s'appell**e**

_____ s'appell**e**

bonjour !
COMMENT ÇA VA ?

10 **Remets le dialogue en ordre.**

- ■ Au revoir !
- ● Bonjour !
- ■ Très bien, et toi ?
- ● Comment tu t'appelles ?
- ● Pas mal.
- ■ Je m'appelle David. Et toi ?
- ● Au revoir !
- ■ Bonjour !
- ● Marc. Comment ça va ?

● Bonjour ! _____

_____

_____

_____

_____

_____

_____

découvre
TON CAHIER

11 **Vrai (V) ou faux (F) ? Dans le cahier...**

1) tu peux écrire. Ⓥ

2) il y a les mêmes sections que dans le livre. ◯

3) il y a une section de vocabulaire dans chaque dossier. ◯

4) il n'y a pas d'exercices sur cassette. ◯

5) il y a 6 « trucs pour apprendre ». ◯

12 **Tu comprends les symboles ?**

🖼 Écouter.

👥 Travailler à deux ou plus.

13 **Qu'est-ce qu'il y a à la fin des Dossiers 1, 2, 4 et 5 ?**

ton
OPINION

Le français est facile à...	–	+	++
• comprendre.	☐	☐	☐
• prononcer.	☐	☐	☐
• parler.	☐	☐	☐
• écrire.	☐	☐	☐

Le français est utile pour...	–	+	++
• voyager.	☐	☐	☐
• travailler.	☐	☐	☐
• se faire des ami(e)s en vacances.	☐	☐	☐
• vivre dans ton pays.	☐	☐	☐

comment IL EST ? comment ELLE EST ?

1 **Observe et souligne la bonne description.**

Il est gros.

Il est maigre.

Il est laid.

Il est blond.

Il est brun.

Il est grand.

Elle est rousse.

Elle est maigre.

Elle est petite.

Elle est blonde.

Elle est grande.

Elle est grosse.

2 **Complète.**

Il est grand.

Il est brun.

Il est gros.

Elle est (grande).

Elle est ( ).

Elle est ( ).

Il est petit.

Il est blond.

Il est maigre.

Elle est (petite).

Elle est ( ).

Elle est ( ).

3 **Décris ces personnages.**

Il est grand. _____

_____

_____

_____

_____

_____

LA RENTRÉE

1 **Écris le nom et le prénom correspondant.**

PRÉSENTE!

LISTE
Bissert
Marion
Bresson
Jérémie
Sébastien
Bernardin

NOM	PRÉNOM
Bresson	Sébastien

Ajoute ton nom et ton prénom. _____

Ajoute le nom et le prénom de ton voisin / ta voisine. _____

2 **Complète le dialogue.**

● Oh ! Qu_e_ll_e_ h__rr__ __r !
Lund__, m__ths.
M__rd__, m__ths.
Et m__rcr__d__, m__ths.
■ Moi, j__ suis c__ntent : j'aim__ bi__n l__s mathématiques.

3 **Mets le dialogue en ordre et recopie-le.**

◯ ■ Regarde, c'est facile...

◯ ■ C'est une mini-calculette.

◯ ● Comment ça marche ?

① ● Qu'est-ce que c'est ?

● Qu'est-ce que c'est ? _____
_____
_____
_____
_____
_____

4 **Chasse l'intrus.**

1) Sébastien
   Marion
   Bresson ✗
   Jérémie

2) fou
   imaginative
   content
   lecture

3) Bresson
   Sébastien
   Bernardin
   Bissert

4) super
   aimer
   s'appeler
   détester

5 **Qu'est-ce que Julie aime ?**

la glace à la pistache • le théâtre • les voyages exotiques • les copains

1) ____la glace à la pistache____ 2) _____ 3) _____ 4) _____

mécanismes

les professeurs DE JULIE

1 *Il ou elle ?*

	1	2	3	4	5	6	7	8
il	X							
elle								

2 Regarde ces adjectifs.

laid • génial • roux • laide
blond • fantastique • blonde
rousse • maigre • [sympathique] • petit
gros • <u>petite</u> • sévère • fou
grande • folle • (beau) • belle
brun • originale • brune
grand • antipathique • géniale
original • grosse

a) Souligne les adjectifs au féminin.
   Exemple : <u>petite</u>

b) Entoure les adjectifs au masculin.
   Exemple : (beau)

c) Encadre les adjectifs identiques au féminin et au masculin.
   Exemple : [sympathique]

3 Observe les terminaisons. Classe les adjectifs de l'exercice 2 comme dans les exemples.

masculin	féminin = masculin + e
génial	géniale

masculin = féminin
sympathique

masculin ≠ féminin	
beau	belle

4 Complète.

1) Je ___suis___ fantastique !

2) Tu _____ fou !

3) Elle _____ laide.

4) Elle _____ très sympa.

5) _____ est génial !

6) _____ suis content.

les copains
DE JULIE

1 Tu connais Samir, Élodie et Julien. Julie te présente quatre autres copains.

a) Écoute bien. Quel numéro correspond à chaque prénom ?

(4) Benjamin   ◯ Jeanne   ◯ Éric   ◯ Aïda

b) Relie ce qui va ensemble.

- Benjamin
- Jeanne
- Éric
- Aïda

- dessin
- nature
- poésie
- gymnastique
- céramique
- lune

- écologiste
- artiste
- acrobate
- romantique

2 Complète.

1) Tu ♥ _____aimes_____ les jeux vidéo ?

2) Oui, j' ♥♥ _____ ça !

3) Patricia ✗✗ _____ les pizzas.

4) Julien ♥♥ _____ la rentrée.

5) Elle ♥ _____ les films d'horreur.

6) Je ✗✗ _____ la plage.

7) Éric ♥♥ _____ la poésie.

8) Tu ✗✗ _____ les glaces ?!

3 Parle de tes copains.

1) ___Hugo___ est très sportif : il aime ___tous les sports___. Il adore ___le foot et le basket___. Il déteste
_____.

2) _____ est écologiste : _____ aime _____. _____ adore
_____. _____ déteste _____.

3) _____ est romantique : _____
_____.

4) _____ est très original : _____
_____.

4 **Tu connais ces filles et ce garçon ? Présente-les.**

1) ___Elle___ s'appelle _____. Elle _____ rousse.

Elle _____ maigre. Elle _____ la glace à la pistache.

Elle _____ la rentrée. Elle _____ la lecture, le théâtre

et les voyages exotiques. C'est une grande imagi_____ !

2) Il s'appelle _____. _____ est _____ et brun.

Il _____ très _____.

Il _____ les problèmes de maths et il _____ les BD.

_____ un cérébral.

3) Elle s'appelle _____

_____

_____

_____.

5 **Elles pensent juste le contraire. Complète.**

Moi, j'adore Didier !

Moi, je _déteste_ Didier !

Il est laid mais il est très sympathique.

Ah non ! Il est _____ _____.

Il est très, très intelligent.

Il est _____ _____.

Il est fantastique !

Oh ! Il est _____ _____ !

le sac DE JULIE

1 *Un* ou *une* ?

	1	2	3	4	5	6
un	X					
une						

2 *Le, la* ou *les* ?

	1	2	3	4	5	6
le						
la	X					
les						

3 Complète les questions et les réponses.

1) Qu'est-ce ___que___ c'est ?

2) Qu'est-ce que _____ ?

3) Qu'_____ que c'est ?

4) _____ est-ce que c'est ?

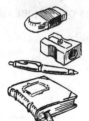

C'est ___une gomme___ _____.

C'est _____.

C'est _____.

C'est _____.

4 Complète avec *le, la* ou *les*.

1) ___le___ collège

2) _____ classe

3) _____ professeur

4) _____ rentrée

5) _____ maths

6) _____ voyages

5 Complète avec *un, une, le* ou *la*.

1) C'est ___un___ sac.

2) C'est _____ sac de Julie.

3) C'est _____ gomme.

4) C'est _____ gomme de Monique.

5) C'est _____ calculette.

6) C'est _____ calculette de Julien.

6 *Qu'est-ce que c'est ?* ou *Qui est-ce ?* Trouve la question et réponds.

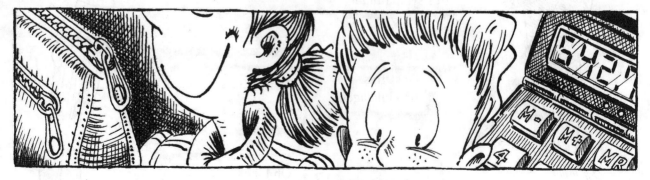

1) _Qu'est-ce que c'est_ ?   2) _____   3) _____   4) _____

C'est une trousse.   _____ ?   _____ ?   _____ ?

_____.   _____.   _____.

sons et rythmes

1 Tu connais l'origine du nom des jours de la semaine ?
Complète et retrouve les cinq premiers.

_ _ _ CREDI   VEN_ _ _DI   _ _ _DI   MAR_ _   JEU_ _

Cherche dans un dictionnaire de français l'origine de « samedi » et de « dimanche ».

2 Quels objets ont un nom qui contient le son
[ɔ̃] ? Entoure et écris.

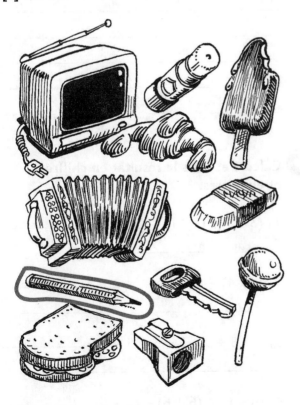

crayon, _____

_____

_____

3 Réponds. Quel(s) jour(s) tu as cours…

1) de maths ? _____
_____

2) de gym ? _____
_____

3) de français ? _____
_____

4) d'anglais ? _____
_____

5) de dessin ? _____
_____

6) de musique ? _____
_____

7) de technologie ? _____
_____

4 Auto-dictée.

1) Lé_o_ _n_ et Gast_ _ dansent au s_ _
des fl_ _fl_ _s de l'accordé_ _.

2) _eudi, _e _oue avec _ackie et la
_olie _osie.

5 Quels sont ces nombres ?

1) xid = _dix_

2) eudx = _____

3) step = _____

4) ciqn = _____

5) ithu = _____

6) ertqua = _____

7) ixs = _____

8) fuen = _____

9) nu = _____

10) stoir = _____

6 Opérations mystère. Complète.

cinq	+		=	
+	■	+	■	+
	+		=	neuf
=	■	=	■	=
	+	dix	=	dix-huit

7 Complète la grille avec des nombres de zéro à vingt.

8 Les mots cachés. Trouve 16 nombres.

N S Q U A T O R Z E E
E B F H J D N K Q C
U G T R E I Z E U I
F X S R M X E O A N
Q U Z S E I Z E E T Q
R U N V I N G T R N
H U I T B D T R E U
S J R N M T S E P T
I D O U Z E D E R X
X P R D D E U X V S

douze _____ _____

_____ _____

_____ _____

_____ _____

_____ _____

_____ _____

_____ _____

9 Calcule et écris le résultat en chiffres et en lettres.

1) (3 x 3) x (3 x 1) – (3 + 3) = _21_
   vingt et un

2) (4 x 4) + (4 – 4) = _____

3) 5 + 5 + 5 + 5 + 5 + 5 = _____

4) (6 + 6) – (6 + 6) + (6 – 6) = _____

5) 7 x (7 – 7) + 7 = _____

BD

1 Remets les phrases en ordre et remplis les bulles.

1) star ! • mortel • pour • Le collège, • une • c'est

2) question • une • C'est • indiscrète !

3) aimes • la • tu • dans • vie ? • Qu'est-ce • que

4) en • tu • Vite, • retard ! • es

5) te • autographe ! • un • S'il • plaît, • Julie,

2 Cherche 5 mots avec le son (ai) dans le Dossier 1. Prononce-les.

1) _maigre_   3) _____   5) _____

2) _____   4) _____

3 Lis, écoute et répète. Barre les lettres finales qui ne se prononcent pas.

sympa Julie stylo
vite indiscrète
belle géniale
j'adore mardi

4 Écoute. Barre les consonnes finales qui ne se prononcent pas, et souligne les consonnes finales qui se prononcent.

retard horreur
star
mortel les tu aimes
au revoir chocolat

l'école, comment ça marche ?

Tu as une bonne mémoire ?

Vrai ou Faux ?

EN FRANCE

	V	F
1) La Terminale est la dernière année du système scolaire français.		
2) Un élève français change d'établissement à 11-12 ans.		
3) Un élève de 16 ans est normalement dans un lycée.		
4) Les petits sont en 2de.		
5) Un élève de 5e a 30 heures de cours.		

ET DANS D'AUTRES PAYS

	V	F
6) Aux Pays-Bas, les langues étrangères ne sont pas importantes.		
7) Au Luxembourg, les élèves apprennent trois langues différentes.		
8) En Allemagne, avoir un « 6 », c'est très bien.		
9) Un habitant de la planète sur dix ne sait ni lire ni écrire.		
10) Il y a 130 millions d'enfants privés d'école dans le monde.		

Si tu as moins de 5 réponses correctes, relis les documents des pages 18 et 19 du livre.

TEST de compréhension ORALE

1 **Le secret de Chrystelle.**

a) Lis les phrases à compléter. Tu les comprends ?

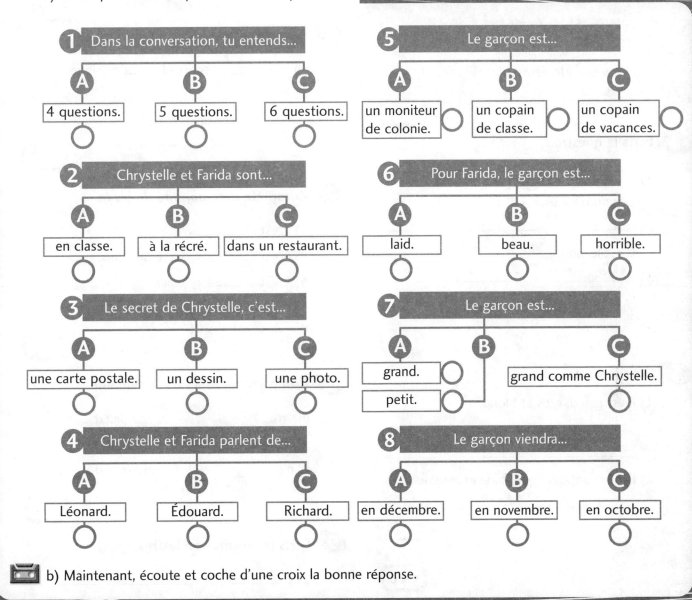

1 Dans la conversation, tu entends...

- A 4 questions. ○
- B 5 questions. ○
- C 6 questions. ○

2 Chrystelle et Farida sont...

- A en classe. ○
- B à la récré. ○
- C dans un restaurant. ○

3 Le secret de Chrystelle, c'est...

- A une carte postale. ○
- B un dessin. ○
- C une photo. ○

4 Chrystelle et Farida parlent de...

- A Léonard. ○
- B Édouard. ○
- C Richard. ○

5 Le garçon est...

- A un moniteur de colonie. ○
- B un copain de classe. ○
- C un copain de vacances. ○

6 Pour Farida, le garçon est...

- A laid. ○
- B beau. ○
- C horrible. ○

7 Le garçon est...

- A grand. ○ / petit. ○
- C grand comme Chrystelle. ○

8 Le garçon viendra...

- A en décembre. ○
- B en novembre. ○
- C en octobre. ○

b) Maintenant, écoute et coche d'une croix la bonne réponse.

2 **Complète le résumé de la conversation.**

C'est (1) _____ récré. Deux amies, Chrystelle et (2) _____, parlent.
Chrystelle montre à son amie une (3) _____ de Richard, un (4) _____ de
vacances. Richard est (5) _____ et brun. Chrystelle (6) _____ contente : il
viendra en (7) _____.

1 **Remets le dialogue en ordre.**

○ Salut, Samir !

○ Oh ! Tu es excentrique !

○ Oui. Et toi ?

○ Super ! Et les vacances ?

○ Salut, Élodie, ça va ?

○ L'horreur ! Je déteste les vacances !

/6

2 **Écris la question.**

1) _____

C'est une trousse.

2) _____

C'est Jeanne.

3) _____

Je m'appelle Julie.

/3

3 **Écris le contraire.**

1) Il est grand, gros et blond.

_____

_____

2) Elle est antipathique, laide et maigre.

_____

_____

/6

4 **Quels sont les goûts de Julie ?**

1) Elle _____ la rentrée.

2) Elle _____ la lecture et le théâtre.

3) Elle _____ les glaces.

/3

5 **Écris la terminaison des verbes.**

1) Je détest___   3) Il détest___

2) Elle détest___   4) Tu détest___

/4

6 **Complète avec le, la ou les.**

1) Il aime _____ sport et _____ musique.

2) Elle aime _____ vacances, _____ piscine et _____ copains.

/5

7 **Complète avec un, une, le ou la.**

1) C'est _____ livre.

2) C'est _____ trousse de Samir.

3) C'est _____ gomme.

4) C'est _____ sac de Julie.

/4

8 **Complète les jours de la semaine.**

m__rd__   v__ndr__d__

s__m__d__   d__m__nch__

l__nd__   m__rcr__d__

/6

9 **Écris les chiffres en lettres.**

21 : _____

14 : _____

7 : _____

/3

SCORE FINAL : /40

LEXIQUE

Voilà le vocabulaire de base du Dossier 1. Traduis les mots dans ta langue.

adorer _____

aimer _____

bâton de colle *(masc.)* _____

beau / belle _____

blond(e) _____

brun(e) _____

cahier *(masc.)* _____

calculette *(fém.)* _____

chaise *(fém.)* _____

classeur *(masc.)* _____

collège *(masc.)* _____

compas *(masc.)* _____

content(e) _____

copain / copine _____

crayon *(masc.)* _____

date *(fém.)* _____

détester _____

école *(fém.)* _____

effaceur *(masc.)* _____

en retard _____

être _____

fenêtre *(fém.)* _____

feutre *(masc.)* _____

fille *(fém.)* _____

fou / folle _____

garçon *(masc.)* _____

génial(e) _____

gentil / gentille _____

glace *(fém.)* _____

gomme *(fém.)* _____

grand(e) _____

gros / grosse _____

horrible _____

laid(e) _____

maigre _____

petit(e) _____

porte *(fém.)* _____

professeur *(masc.)* _____

récré *(fém.)* _____

règle *(fém.)* _____

rentrée *(fém.)* _____

roux / rousse _____

s'appeler _____

stylo-bille *(masc.)* _____

stylo-plume *(masc.)* _____

sympathique _____

table *(fém.)* _____

tableau (de classe) *(masc.)* _____

taille-crayon *(masc.)* _____

théâtre *(masc.)* _____

trousse *(fém.)* _____

voyage *(masc.)* _____

Écris d'autres mots que tu as appris dans ce dossier.

_____

_____

_____

_____

AUTO-ÉVALUATION

Colorie en vert = très bien. Colorie en jaune = moins bien.

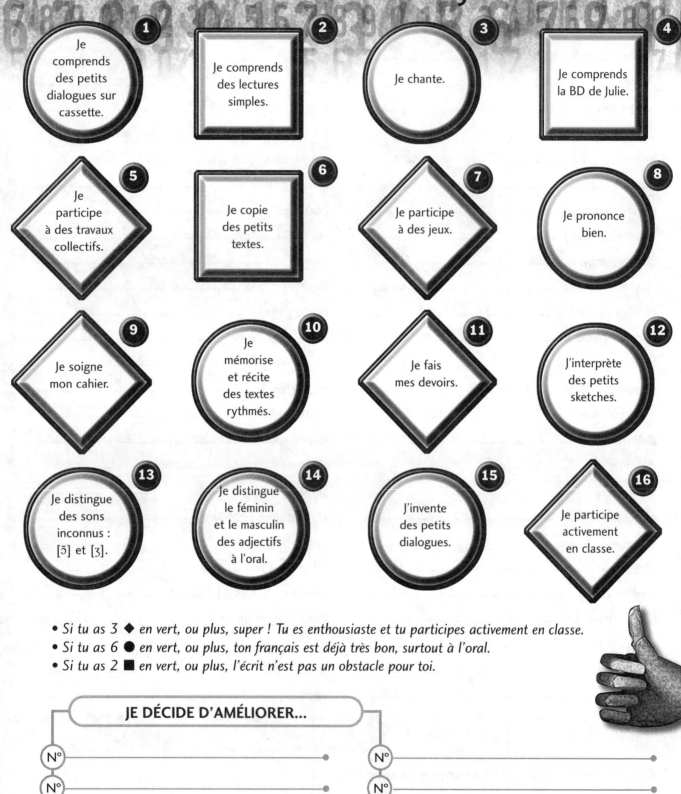

1 Je comprends des petits dialogues sur cassette.

2 Je comprends des lectures simples.

3 Je chante.

4 Je comprends la BD de Julie.

5 Je participe à des travaux collectifs.

6 Je copie des petits textes.

7 Je participe à des jeux.

8 Je prononce bien.

9 Je soigne mon cahier.

10 Je mémorise et récite des textes rythmés.

11 Je fais mes devoirs.

12 J'interprète des petits sketches.

13 Je distingue des sons inconnus : [ɔ̃] et [ʒ].

14 Je distingue le féminin et le masculin des adjectifs à l'oral.

15 J'invente des petits dialogues.

16 Je participe activement en classe.

- *Si tu as 3 ◆ en vert, ou plus, super ! Tu es enthousiaste et tu participes activement en classe.*
- *Si tu as 6 ● en vert, ou plus, ton français est déjà très bon, surtout à l'oral.*
- *Si tu as 2 ■ en vert, ou plus, l'écrit n'est pas un obstacle pour toi.*

JE DÉCIDE D'AMÉLIORER...

N° _____   N° _____

N° _____   N° _____

N° _____   N° _____

N° _____   N° _____

Date _____   Signature _____

qu'est-ce qu'il / elle FAIT ?

1 Complète.

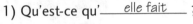

1) Qu'est-ce qu'___elle fait___ ?

___Elle regarde___ la télé.

2) _____ il fait ?

_____ le rock.

3) Qu'_____ ?

_____ à son copain.

4) _____ ?

_____.

5) _____ ?

_____ son baladeur.

6) _____ ?

_____.

7) _____ ?

_____.

8) _____ ?

_____.

9) _____ ?

_____.

VIVE LE CAMPING !

1 Observe l'image du camping à la page 22 du livre.
Qui est au camping ?

Famille Delajambe	Famille Musculus	Famille Tatou
1) Le père.	1)	1)
2)	2)	2)
3)	3)	3)
4)		

2 Regarde l'image. Cherche les erreurs et corrige les descriptions.

FAMILLE DELAJAMBE

1) Le père prépare un sandwich.

   <u>Le père mange un sandwich.</u>

2) La grand-mère téléphone.

   _____

3) Le chien saute.

   _____

FAMILLE MUSCULUS

1) Le grand-père regarde la télé.

   _____

2) La mère parle avec madame Delajambe.

   _____

FAMILLE TATOU

1) Le père chante.

   _____

2) Le fils danse.

   _____

3 Qu'est-ce qu'il y a au camping « Le Paradis » ? Complète avec *un*, *une* ou *des*.

1) _une_ cafétéria   3) ____ douches   5) ____ supermarché   7) ____ piscine

2) ____ bungalows   4) ____ toilettes   6) ____ restaurant   8) ____ courts de tennis

4 Écoute et souligne les bonnes phrases.

1) a) Il est laid.
   b) <u>Il est beau.</u>
   c) Il est horrible.

2) a) Il a deux ans.
   b) Il a dix-huit mois.
   c) Il a cinq mois.

3) a) C'est un excentrique.
   b) C'est un petit capricieux.
   c) C'est un grand sportif.

4) a) Il adore les yogourts.
   b) Il adore les sandwiches.
   c) Il adore les glaces.

5) a) Il est adorable.
   b) Il est idiot.
   c) Il est stupide.

6) a) C'est un bébé.
   b) C'est un éléphant.
   c) C'est un chien.

Recopie les phrases soulignées.

1) Il est beau. _____

2) _____

3) _____

4) _____

5) _____

6) _____

5 Ce camping est une catastrophe ! Une dame proteste à la réception. Pourquoi ?

• Les toilettes

• Les douches

• Ses voisins

— sont sales.
pleurent.
sont grandes.
ne marchent pas.
chantent.
sont super.
dansent.
sont très belles.

album DE FAMILLE

1 Bruno Pitrelli présente sa famille. Écoute et complète.

_____Mon_____ père est prestidigitateur. _____ mère et _____ sœur sont trapézistes. _____ grand-père et _____ frères sont clowns. Et moi, je suis acrobate comme _____ grand-mère.

2 Maintenant regarde la photo et identifie chaque membre de la famille de Bruno.

1) C'est _sa_ _____ grand-mère _____.

2) C'est _____ _____.

3) Ce sont _____ _____

   et _____ _____.

4) Ce sont _____ _____.

3 Complète.

1) ● Quel _âge_ tu as ?

   ■ _J'_ _ai_ 14 ans.

2) ● _____ âge elle _____ ?

   ■ _____ a 17 _____.

3) ● _____ _____ il _____ ?

   ■ _____ _____ 25 _____.

4 Relie la question à la réponse.

1) Tu as des sœurs ?   a) Elle a 68 ans.
2) Elle a une moto ?   b) Non, j'ai trois frères.
3) Tu as un chien ?   c) Non, elle a une bicyclette.
4) Quel âge a ta grand-mère ? d) Oui, il s'appelle Tom.

5 Complète.

1) Attention ! Tu _as_ un moustique sur le nez.

2) ● ⸺ as un dictionnaire ?

   ■ Oui, j'⸺ le *Petit Albert Illustré* ; ⸺ a 4000 pages.

3) ● Elle ⸺ des frères et sœurs ?

   ■ Oui, ⸺ a un petit frère ; il est insupportable.

6 Complète les phrases.

1) Elle est _petite_.

2) Le camping a une ⸺ piscine.

3) Elle aime les garçons ⸺.

4) C'est un très ⸺ chien.

○ petit   Ⓧ petite   ○ petites

○ grande   ○ grands   ○ grand

○ brune   ○ brun   ○ bruns

○ belle   ○ beau   ○ belles

7 Complète le dialogue avec *ta*, *ton* ou *tes*.

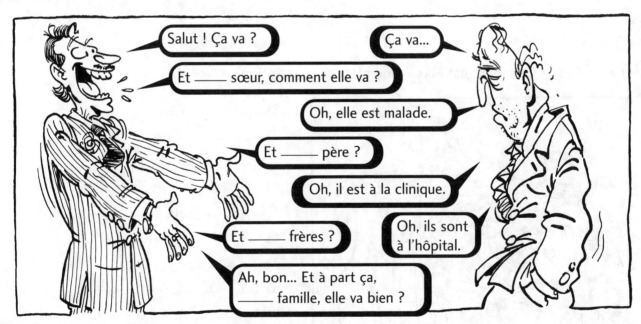

Salut ! Ça va ?

Ça va...

Et ⸺ sœur, comment elle va ?

Oh, elle est malade.

Et ⸺ père ?

Oh, il est à la clinique.

Et ⸺ frères ?

Oh, ils sont à l'hôpital.

Ah, bon... Et à part ça, ⸺ famille, elle va bien ?

Maintenant, écoute et vérifie tes réponses.

8 Écoute ces phrases. Elles sont au singulier ou au pluriel ?

	1	2	3	4	5	6	7	8	9	10
singulier	X									
pluriel										

9 **Transforme les phrases.**

a) Mets au singulier.

1) Elles sont idiotes.

 <u>Elle est idiote.</u>

2) Ils sont sportifs.

 _____

3) Elles sont brunes.

 _____

4) Ils sont blonds.

 _____

5) Elles sont grandes.

 _____

b) Mets au pluriel.

1) Il est intelligent.

 <u>Ils sont intelligents.</u>

2) Elle est géniale.

 _____

3) Il est idiot.

 _____

4) Elle est adorable.

 _____

5) Il est formidable.

 _____

10 *Il a* ou *Il est* ? **Comment est Max ? Complète sa description.**

1) ___<u>Il a</u>___ 37 ans.

2) _____ sportif.

3) _____ formidable !

4) _____ des yeux splendides.

5) _____ petit et maigre.

6) _____ les cheveux bruns.

7) _____ gentil.

8) _____ intelligent.

9) _____ une moto superbe.

10) _____ un chien énorme.

11 **Julien parle de son oncle. Complète.**

J'<u>ai</u> un oncle très sympathique. Il _____ Charlie. C'_____ le frère de _____ mère. Il _____ 35 ans. Il _____ un peu fou. Il _____ _____ de sciences dans _____ lycée et il _____ dans _____ groupe de rock. J'adore _____ oncle et _____ copains. Ils _____ les *Zombies*.

une journée
AU CAMPING

1 **Relie sujets et verbes. Plusieurs combinaisons sont possibles.**

1) Ils   a) jouent au basket.

2) Tu   b) parle français.

3) Elles   c) téléphone.

4) Il   d) regardes la télé.

5) Elle   e) pleurent.

6) Je   f) prépare des spaghettis.

2 **Écris les terminaisons.**

1) Ils mang_ent_ les croissants.

2) Tu chant_____ très bien.

3) Je jou_____ à la pétanque.

4) Elle saut_____ 1 mètre 30.

5) Il regard_____ les photos de vacances.

6) Elles prépar_____ les spaghettis.

3 **Écris les phrases de l'exercice 2 à la forme négative.**

1) _Ils ne mangent pas_ _____

   les croissants. _____

2) _____

   _____

3) _____

   _____

4) _____

   _____

5) _____

   _____

6) _____

   _____

4 **Écris à la forme négative.**

1) J'ai ton stylo.

   Je n'ai pas ton stylo. _____

2) Tu as ma trousse.

   _____

3) Elle aime les boas.

   _____

4) J'aime le chocolat.

   _____

5) Elles écoutent la radio.

   _____

6) Ils observent la lune.

   _____

5 **C'est ou Ce n'est pas ? Complète.**

1) _Ce n'est pas_ mon frère, c'est mon cousin.

2) _____ un acteur, c'est un chanteur.

3) _____ un livre, _____ un dictionnaire.

4) _____ facile, _____ très difficile.

5) Ce n'est pas Samir, _____ Julien.

6) _____ un stylo, c'est un crayon.

sons et rythmes

1 Mots croisés. Les parties du corps.

D
E
N
T
S

2 Problème.

+ plus	× multiplié par
− moins	÷ divisé par

- Luc a 12 ans.
- Son père a l'âge de sa mère **+** l'âge de son petit frère.
- Sa mère a l'âge de Luc **×** 3.
- Son grand-père a l'âge de son père **−** l'âge de Luc **+** l'âge de sa mère.
- Son petit frère a l'âge de Luc **÷** 2.

Quel âge a le grand-père de Luc ?

3 As-tu l'âme d'un poète ? Choisis des mots du coffre pour faire des phrases qui riment.

Exemple :
Le **pharaon** chante une **chanson** et joue au **ballon**.

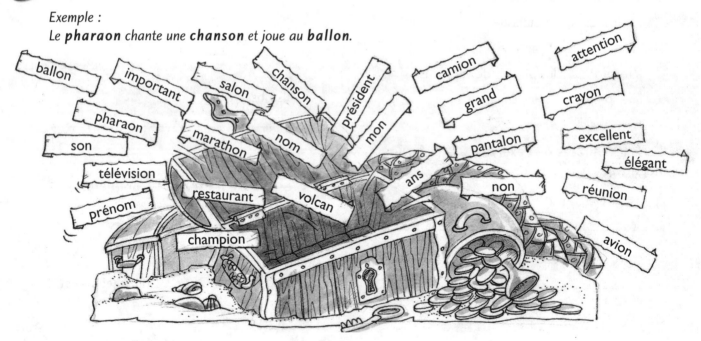

ballon · important · salon · chanson · président · camion · attention · grand · crayon · pharaon · mon · son · marathon · nom · excellent · élégant · télévision · ans · pantalon · non · réunion · restaurant · volcan · prénom · champion · avion

4 Écoute bien. Quel son tu entends ?

[y] de 🌙   [u] de 🦟   [ã] de 🌋   [ɔ̃] de ✏️

a)	1	2	3	4	5	6	7	8	9	10
[y]	X									
[u]										

b)	1	2	3	4	5	6	7	8	9	10
[ã]	X									
[ɔ̃]										

C'EST GRAVE ?

1 **Recopie sous chaque vignette le texte correspondant.**

a) Ils sont inquiets.

b) La mère décide d'appeler le médecin.

c) Il est amoureux.

d) Sophie, une amie de Marc, téléphone.

1) Il est amoureux. _____

2) _____

3) _____

4) _____

2 **Tu te rappelles l'histoire de Marc ? Complète ce texte.**

Marc ne ____parle____ ____pas____. Il _____ _____ pas. Il _____

_____ pas la télé. _____ mère et _____ père sont inquiets. Ils décident d'appeler

le _____. Sophie, une _____ de Marc, téléphone. Marc _____ avec elle.

Il n'est pas _____, il _____ amoureux.

3 **Écoute et barre les lettres finales qui ne se prononcent pas.**

1) Salut, Sophie, ça va ?

2) Je ne suis pas malade.

3) Ils parlent ?

4) Elles ne sautent pas.

5) Ils sont tristes.

6) Elle parle avec Sophie.

en vacances

Tu as une bonne mémoire ?

Vrai ou Faux ?

PARTIR EN FAMILLE

	V	F
1) La famille « sans surprise » adore marcher.	○	○
2) La famille « nature » déteste la pollution.	○	○
3) La famille « aventure » adore les surprises.	○	○
4) La famille « culture » adore bronzer sur la plage.	○	○
5) La famille « sans surprise » adore la mer.	○	○

PARTIR SEUL / E

	V	F
6) Les élèves français ont quatre semaines de vacances en février.	○	○
7) Les jeunes qui passent des vacances « scientifiques » font beaucoup de sport.	○	○
8) Les jeunes qui aiment l'aventure préfèrent les vacances « nomades ».	○	○
9) Les jeunes qui partent en « vacances linguistiques » font aussi du sport.	○	○
10) 40% des enfants de moins de 13 ans ne partent pas en vacances.	○	○

Si tu as moins de 5 réponses correctes, relis les documents des pages 30 et 31 du livre.

TEST de compréhension ORALE

1 Je ne suis pas libre !

a) Lis les phrases à compléter. Tu les comprends ?

1 Samedi…
- A Richard téléphone à Sandrine. ◯
- B Sandrine téléphone à Richard. ◯
- C Sandrine et Richard préparent un examen. ◯

2 Sandrine…
- A accepte l'invitation. ◯
- B n'accepte pas l'invitation. ◯
- C propose un autre jour pour sortir. ◯

3 Lundi, Sandrine…
- A prépare un examen. ◯
- B travaille toute la journée. ◯
- C mange avec Catherine. ◯

4 Sandrine regarde…
- A son agenda. ◯
- B son emploi du temps. ◯
- C le calendrier. ◯

5 Mercredi…
- A c'est possible. ◯
- B c'est impossible. ◯
- C Sandrine est libre. ◯

6 Sandrine…
- A n'aime pas Richard. ◯
- B est amoureuse de Richard. ◯
- C déteste Richard. ◯

7 Dans la conversation, tu entends…
- A 4 questions. ◯
- B 5 questions. ◯
- C 6 questions. ◯

8 Dans la conversation, tu entends deux fois…
- A « samedi » et « lundi ». ◯
- B « lundi » et « mardi ». ◯
- C « mardi » et « mercredi ». ◯

b) Maintenant, écoute et coche d'une croix la bonne réponse.

2 Complète le résumé de la conversation.

C'est (1) _____. Sandrine prépare (2) _____ examen. Richard (3) _____ pour l'inviter à sortir mais elle n' (4) _____ pas. Elle (5) _____ des excuses : lundi, elle (6) _____ avec Catherine ; mardi, elle (7) _____ toute la journée et mercredi (8) _____ impossible. Décidément, Sandrine n' (9) _____ pas Richard !

1 **Complète avec *un*, *une* ou *des*.**

1) _____ crayons   4) _____ livres

2) _____ stylo   5) _____ feutres

3) _____ règle   6) _____ cahier

/6

2 **Réponds en utilisant la forme négative.**

1) Tu regardes la télé ?

Non, je _____

_____.

2) Elle chante bien ?

Non, elle _____

_____.

3) Ils jouent au foot ?

Non, ils _____

_____.

4) Elles parlent trois langues ?

Non, elles _____

_____.

5) Tu téléphones ?

Non, je _____

_____.

6) Il joue avec son frère ?

Non, il _____

_____.

/6

3 **Complète avec *mon*, *ma* ou *mes*.**

_____ copain est dans un camping. _____ cousins sont en vacances. _____ frères sont à la piscine. _____ sœur est avec une copine. _____ mère est avec une amie. Et _____ père est avec _____ grands-parents. Alors, moi, je suis tout seul !

/7

4 **Lis ce texte.**

Voilà Paul. Il est en 5ᵉ. Il est sympathique et sportif. Il joue au football. Il aime les motos. Il adore le rock. Il déteste les films romantiques.

Maintenant, écris le texte au pluriel.

Voilà Paul et Éric. _____

_____

_____

_____

_____

_____

/6

5 **Trouve et écris la question.**

1) _____ ?

C'est mon voisin.

2) _____ ?

Il s'appelle Jean-Pierre.

3) _____ ?

Il a 23 ans.

4) _____ ?

Oui, il est très sympa.

5) _____ ?

Il joue à la pétanque.

/5

6 **Complète les nombres.**

1) vin__ __-q__ __tre

2) tr__ __te-si__

3) q__ __ __ __nte-deux

4) c__ __quante-tr__ __s

5) s__ __ x__ __te

/5

SCORE FINAL : /35

Voilà le vocabulaire de base du Dossier 2. Traduis les mots dans ta langue.

acteur / actrice _____

âge *(masc.)* _____

arriver _____

avoir _____

bouche *(fém.)* _____

bras *(masc.)* _____

chien *(masc.)* _____

coiffeur / coiffeuse _____

cousin(e) _____

cuisse *(fém.)* _____

chanter _____

chanteur / chanteuse _____

danser _____

doigt *(masc.)* _____

douche *(fém.)* _____

écouter _____

enfant *(masc.)* _____

explorateur / exploratrice _____

famille *(fém.)* _____

fille *(fém.)* _____

fils *(masc.)* _____

frère *(masc.)* _____

grand-mère *(fém.)* _____

grand-père *(masc.)* _____

interprète *(masc. ou fém.)* _____

jambe *(fém.)* _____

jeune _____

jouer _____

jumeau / jumelle _____

main *(fém.)* _____

manger _____

mère *(fém.)* _____

nez *(masc.)* _____

oncle *(masc.)* _____

oreille *(fém.)* _____

parler _____

penser _____

père *(masc.)* _____

pied *(masc.)* _____

profession *(fém.)* _____

regarder _____

sale _____

sauter _____

sœur *(fém.)* _____

tante *(fém.)* _____

téléphoner _____

tête *(fém.)* _____

toilettes *(fém. plur.)* _____

tomber _____

travailler _____

voisin(e) _____

yeux *(masc. plur.)* _____

Écris d'autres mots que tu as appris dans ce dossier.

_____

_____

_____

_____

AUTO-ÉVALUATION

Colorie en vert = très bien. Colorie en jaune = moins bien.

1 Je différencie bien des sons proches : [y] et [u], [ã] et [ɔ̃].

2 J'interprète des petits dialogues qui expriment des émotions.

3 Je sais compter jusqu'à 69.

4 Je chante en suivant le rythme.

5 Je raconte une BD.

6 Je sais mettre en rapport un texte et une image.

7 Je sais trouver une information précise dans un texte.

8 Je devine le sens de mots inconnus dans des petits textes écrits.

9 Je sais parler de ma famille et de mes vacances.

10 Je sais enfin dire non !

11 Je comprends beaucoup mieux les documents enregistrés.

12 Je sais négocier quand je travaille en groupe.

13 J'écris des petites phrases, je copie et je complète des petits textes.

14 Je m'intéresse à la manière de vivre des Français.

15 Je sais demander de l'aide.

- Si tu as 2 ◆ en vert, ou plus, super ! Tu es enthousiaste et tu participes activement en classe.
- Si tu as 5 ● en vert, ou plus, ton français est déjà très bon, surtout à l'oral.
- Si tu as 3 ■ en vert, ou plus, l'écrit n'est pas un obstacle pour toi.

JE DÉCIDE D'AMÉLIORER...

N° _____   N° _____

N° _____   N° _____

N° _____   N° _____

N° _____   N° _____

Date _____   Signature _____

Trucs pour Apprendre

Comprendre à l'oral

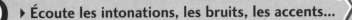

Je ne comprends pas.

▸ Écoute les intonations, les bruits, les accents...

▸ Repère la situation.
  - Qui parle à qui ?
  - De quoi ?

▸ Identifie les mots que tu connais ou qui se répètent.

  vacances, vacances, vacances

▸ Observe les gestes du prof.

comprendre = comprendre tout ? non !
Tu comprends ce que tu peux et du devines le reste.

Mémoriser

J'oublie facilement les mots, les phrases, les expressions.

▸ Fais des associations amusantes.

▸ Écris des mots et des phrases sur des papiers auto-collants.

▸ Écoute la musique des mots et des phrases.

▸ Écris et dessine les nouveaux mots.

▸ Répète les mots à haute voix.

▸ Répète et varie les intonations.

S'exprimer à l'oral

Je ne trouve pas le mot exact. J'ai peur de faire des erreurs. Je ne prononce pas très bien.

▸ Répète encore une fois ce que tu veux dire.

  J'aime les glaces !!

▸ Cherche d'autres manières de dire la même chose.

  Les glaces, j'adore !

▸ Utilise les gestes, la mimique, l'intonation.

  Les glaces, mmmm !!!

L'IMPORTANT C'EST DE SE FAIRE COMPRENDRE !

Comprendre à l'écrit

> Je ne comprends pas un texte. Il y a beaucoup de mots difficiles.

▸ Relis la phrase, le paragraphe. Lis les titres et les sous-titres.

▸ Regarde bien les dessins et les photographies.

▸ Repère les mots que tu connais.

▸ Fais des hypothèses.

▸ Trouve les mots qui sont semblables dans ta langue ou dans une autre langue.

> amour, amor, amore

▸ Demande à ton voisin / ta voisine, à ton professeur.

> Qu'est-ce que ça veut dire ?

L'IMPORTANT, C'EST DE COMPRENDRE LE SENS GÉNÉRAL !

Comprendre la grammaire

> Le français, c'est bizarre ! Je ne comprends pas les règles.

ARTICLE FÉMININ NOM PRÉPOSI... PLURIEL

▸ Compare avec ta propre langue.

▸ Observe les phénomènes qui se répètent. Le « s » du pluriel, le « e » du féminin...

▸ Consulte le résumé grammatical de ton livre.

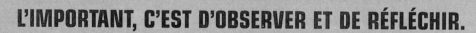

▸ Observe les différences entre l'oral et l'écrit.

▸ Du calme : les règles ne sont pas applicables à 100%, même dans ta langue.

L'IMPORTANT, C'EST D'OBSERVER ET DE RÉFLÉCHIR.

S'exprimer à l'écrit

> Je fais beaucoup de fautes d'orthographe. Je ne sais pas construire des phrases. Je ne trouve pas les mots, les expressions.

▸ Utilise les modèles présentés dans ton livre et dans ton cahier.

▸ Illustre les mots difficiles.

▸ Cherche dans le lexique de ton cahier ou dans le dictionnaire.

▸ Recopie les phrases où tu fais des fautes.

▸ Consulte les tableaux de grammaire de ton livre.

▸ Copie des petits textes.

les 12 mois DE L'ANNÉE

1 C'est quel jour ?

1) _C'est le premier mai._

2) _____

3) _____

4) _____

2 Complète les questions et réponds.

1) Quelle _est_ la _date_ d'aujourd'hui ? _Aujourd'hui, c'est le..._

2) Quel _____ le _____ de ton anniversaire ? _____

3) _____ fête, c'est _____ ? _____

4) Dans ____ école, _____ est la date de la rentrée ? _____

3 Complète le calendrier. Remets les lettres en ordre.

	JANVIER
RIFÉRVE	FÉVRIER
	MARS
LRIVA	
	MAI
UNIJ	
TEJULLI	
	AOÛT
PEMRTESBE	
COBETOR	
BERNOVEM	
	DÉCEMBRE

4 Regarde dans le calendrier. Choisis une fête et joue comme dans l'exemple.

A : La Saint-Thomas, c'est quel jour ?

B : C'est le 3 juillet.

MAI		JUIN		JUILLET		AOÛT	
1 J	FÊTE DU TRAVAIL	1 D	Fête-Dieu	1 M	Thierry	1 V	Alphonse
2 V	Boris	2 L	Blandine	2 M	Martinien	2 S	Julien
3 S	Phil., Jacqu.	3 M	Kévin	3 J	Thomas	**3 D**	Lydie
4 D	Sylvain	4 M	Clotilde	4 V	Florent	4 L	J.-M. Vianney
5 L	Judith	5 J	Igor	5 S	Antoine	5 M	Abel
6 M	Prudence	6 V	Norbert	6 D	Mariette	6 M	Transfiguration
7 M	Gisèle	7 S	Gilbert	7 L	Raoul	7 J	Gaétan
8 J	VICTOIRE 45	8 D	Médard	8 M	Thibaut	8 V	Dominique
9 V	Pacôme	9 L	Diane	9 M	Amandine	9 S	Amour
10 S	Solange	10 M	Landry	10 J	Ulrich	10 D	Laurent
11 D	F. Jeanne d'Arc	11 M	Barnabé	11 V	Benoît	11 L	Claire
12 L	Achille	12 J	Guy	12 S	Olivier	12 M	Clarisse
13 M	Rolande	13 V	Antoine	**13 D**	Henri/Joël	13 M	Hippolyte
14 M	Matthias	14 S	Élisée	**14 L**	FÊTE NATIONALE	14 J	Évrard
15 J	Denise	**15 D**	Germaine	15 M	Donald	**15 V**	ASSOMPTION
16 V	Honoré	16 L	J.-F. Régis	16 M	N.-D. Mt-Carmel	16 S	Armel
17 S	Pascal	17 M	Hervé	17 J	Charlotte	17 D	Hyacinthe
18 D	PENTECÔTE	18 M	Léonce	18 V	Frédéric	18 L	Hélène
19 L	Yves	19 J	Romuald	19 S	Arsène	19 M	Jean Eudes
20 M	Bernardin	20 V	Silvère	20 D	Marine	20 M	Bernard
21 M	Constantin	21 S	ÉTÉ	21 L	Victor	21 J	Christophe
22 J	Émile	**22 D**	Alban	22 M	Marie-Madeleine	22 V	Fabrice
23 V	Didier	23 L	Audrey	23 M	Brigitte	23 S	Rose
24 S	Donatien	24 M	Jean-Baptiste	24 J	Christine	**24 D**	Barthélémy
25 D	Fêtes des mères	25 M	Prosper	25 V	Jacques	25 L	Louis
26 L	Bérenger	26 J	Anthelme	26 S	Anne/Joachim	26 M	Natacha
27 M	Augustin	27 V	Fernand	**27 D**	Nathalie	27 M	Monique
28 M	Germain	28 S	Irénée	28 L	Samson	28 J	Augustin
29 J	Aymar	**29 D**	Pierre/Paul	29 M	Marthe	29 V	Sabine
30 V	Ferdinand	30 L	Martial	30 M	Juliette	30 S	Fiacre
31 S	Visitation			31 J	Ignace de L.	**31 D**	Aristide

LE JARDIN DE

1 **Complète le dialogue.**

Qui est-ce ?

_____ il s'appelle ?

_____ sympa ?

_____ il a ?

_____ vieux !

C'est mon _____.

_____ Martin.

Oh oui, très sympa !

_____ 15 ans.

2 **Qu'est-ce qui se passe ? Complète les phrases.**

Situation 1

1) _Sa_ grand-mère _____ à _____ pétanque,
elle _____ pas contente.

2) Son grand-père _____ avec un copain.

3) _____ enfants _____ aux indiens.

Situation 2

1) Il _____ de sa _____ Anne-Marie.

2) _____ ami _____ sourd et il ne comprend
_____ très bien les explications.

3) Anne-Marie _____ pas coiffeuse, elle est
_____.

3 **Fais le maximum de phrases avec les mots suivants.**

il **est** a **c'** *un* **excellent** Paul *professeur*

C'est Paul. _____

_____

_____

_____

LA FONTAINE

4 **Retrouve 10 actions qui ont lieu dans « Le jardin de la fontaine ».**

1) restau : _____sauter_____

2) pehlétorén : _____

3) bemtor : _____

4) riédute : _____

5) gredarre : _____

6) jeoru : _____

7) ruleper : _____

8) plarer : _____

9) rangme : _____

10) atrcehn : _____

5 **Mots croisés. Complète.**

Horizontalement :

1) Copain. Pluriel de *un / une*.
2) Adjectif possessif. Tu (...) la télé.
3) 3e pers. du pluriel du verbe *être*.
4) Tu manges avec ta (...).
5) Ils (...) au basket.
6) Animal qui pique.
7) Contraire de *propre*.
8) Les filles de mon oncle.
9) 2e pers. du singulier du verbe *être*. Tu respires avec ton (...).
10) Contraire de *jour*. Grande période de vacances.

Verticalement :

1) 2e pers. du singulier du verbe *avoir*.
   Adjectif possessif. Article indéfini.
2) 5e mois de l'année.
3) Affirmation.
4) Terminaison de la 1e pers. du pluriel des verbes au présent.
5) Contraire de *laid*.
6) Synonyme de *imbécile*.
7) Adjectif possessif.
8) Féminin de *un*.
9) (...) suis excentrique. Adjectif possessif.
10) Adjectif possessif.
11) Les filles de mes parents.
12) Il (...) chante pas.
13) Adjectif possessif. Elle est petite (...) brune.
14) Après le 12.

	1	2	3	4	5	6	7	8	9	10	11	12	13	14
1	A	M	I											
2														
3														
4														
5														
6														
7														
8														
9														
10														

une grande
PASSION

1 **Écris au féminin.**

Son chat est adorable. Il est petit, il a 6 mois seulement.
Il est très beau et très intelligent. Il a des yeux splendides.

Sa chatte est... _____
_____
_____
_____

2 **Écris au masculin.**

Ma chienne s'appelle Moutarde. C'est une chienne
fantastique. Elle est grande, grosse et très sympathique.
Elle est folle, elle aime manger des mouches et des
moustiques.

Mon chien... _____
_____
_____
_____

3 **Il a des problèmes avec ses animaux ! Écris au pluriel.**

Mon canari ne chante pas bien. Mon hamster est malade.
Mon perroquet ne parle pas. Ma tortue ne marche pas.
Mon chien ne mange pas, il est triste.

Mes canaris ne chantent pas bien. _____
_____
_____
_____

4 **Complète ce que dit Alexia.**

Salut, je _m'appelle_ Alexia, _____ 14 ans et _____ en 3ᵉ. _____ une grande passion :

j'_____ les animaux. _____ chienne Loula est _____ meilleure _____.

le cadeau de mémé pour _____ anniversaire. Loula _____ très _____ et _____.

Elle _____ géniale, elle _____ à la corde avec moi.

1 Fais des phrases à l'aide des mots de chaque cadre.

1
Pour ton anniversaire,
Aujourd'hui,
Dimanche,
Demain,
À 4 h du matin,

2
je vais
elle va
vous allez
on va
elle va

3
réciter des poésies
manger une glace au chocolat
préparer une salade de riz
jouer à la pétanque
pleurer
sauter à la corde

4
dans le parc.
à la sortie de l'école.
dans les toilettes.
dans le désert du Sahara.
au Pôle Nord.
dans la cuisine.

Pour ton anniversaire, elle va...

_____

_____

_____

_____

_____

_____

2 Sais-tu épeler ? Transcris les phrases écoutées et amuse-toi à parler de cette manière.

1) _Tu veux jouer..._

2) _____

3) _____

4) _____

A AVION B BÉBÉ C CD DÉ D E EUROPE F EFFACEUR G GÉANT H HACHE I IDÉE

J JIVARO K KARATÉ L AILE M J'AIME N SIRÈNE O OREILLE P PÉLICAN Q QUESTION R TERRE

S ESCARGOT T THÉ U LUNE V VÉLO W WEEK-END X ASTÉRIX Y YOGA Z ZÈBRE

3 Qu'est-ce qu'Alida a mis dans sa valise ?

1) k ● t ● a ● e ● b ● s ● s   des _baskets_____

2) p ● e ● u ● j   une _____

3) e ● e ● t ● s ● v   une _____

4) o ● t ● l ● a ● n ● a ● n ● p   un _____

5) l ● u ● l ● p   un _____

4 Les mots cachés.

a) Trouve dans cette grille les dix aliments représentés dans les dessins.

V	J	U	S	A	D	E	T	F	R	U	I	T	S
S	B	R	Y	L	X	Z	Q	G	S	C	G	N	D
T	E	B	E	T	T	E	U	G	A	B	J	K	O
N	W	O	F	I	A	A	H	C	L	H	Z	O	S
A	S	M	G	T	G	A	T	E	A	U	S	U	E
S	D	E	R	E	F	P	D	F	D	J	F	P	T
S	H	L	I	A	G	O	R	Q	E	K	P	L	E
I	Ç	E	O	G	N	J	Y	D	M	L	O	B	U
O	L	T	P	D	B	C	U	U	D	R	I	D	O
R	J	T	L	I	U	T	O	O	E	T	U	Q	H
C	R	E	P	E	S	A	K	E	K	D	T	E	A
P	D	U	P	N	T	U	I	B	R	N	B	J	C
J	G	S	V	S	A	N	D	W	I	C	H	K	A
G	A	U	F	R	E	L	L	M	Z	B	N	N	C

b) Recopie les mots trouvés à côté de l'article correspondant.

1) un _gâteau_____   6) des _____

2) une _____   7) une _____

3) une _____   8) une _____

4) des _____   9) un _____

5) un _____   10) un _____

où SONT-ILS ?

1 Quel désordre ! Samir ne trouve pas ses affaires. Aide-le.

1) Où sont ses pots de peinture ? Ils sont sous la table, dans le tiroir.

2) Où est son sac ? _____

3) Où est son taille-crayon ? _____

4) Où sont ses clés ? _____

5) Où est sa gomme ? _____

6) Où est sa calculette ? _____

2 Complète et colorie.

1) La nuit est noire.

   Le charbon est ___noir___.

2) La fleur est rouge et orange.

   Le feu est _____ et _____.

3) L'herbe est verte.

   L'arbre est _____.

4) La neige est blanche. ❄

   Le nuage est _____.

5) La mer est bleue.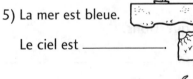

   Le ciel est _____.

6) La banane est jaune.

   Le soleil est _____.

3 Recopie les adjectifs de l'exercice 2 dans la colonne correspondante.

masculins	féminins	invariables
noir	noire	

LA FRANCE EN 80 QUESTIONS

1 Complète avec *quel, quelle, quels* ou *quelles*.

1) Tu as ___quel___ âge ?

2) Tu es en _____ classe ?

3) _____ matières tu préfères ?

4) _____ jour tu as dessin ?

5) _____ sports tu aimes ?

6) De _____ couleur est le drapeau canadien ?

2 À quelle question de l'exercice 1 correspond chacune de ces réponses ?

a) L'histoire et le dessin. ③

b) Il est rouge et blanc. ○

c) J'ai 12 ans. ○

d) Le foot et le basket. ○

e) Je suis en 5ᵉ. ○

f) Le mercredi. ○

3 Trouve les questions.

1) ___Qui est-ce_____ ?

C'est mon prof de maths.

2) _____ ?

C'est un concours.

3) _____ ?

Il a 16 ans.

4) _____ ?

Elle s'appelle Zoé.

5) _____ ?

Il est grand et brun.

4 Complète les questions et réponds.

LA FRANCE ET LA TECHNOLOGIE

1) Le TGV, ___qu'est-ce que c'est___ ?
   a) « Transport Général de Valence ».
   b) « Téléphone Général Visuel ».
   c) « Train à Grande Vitesse ».

2) Le Concorde, _____ ?
   a) Un ordinateur.
   b) Une moto.
   c) Un avion supersonique.

3) _____ construction relie la France à l'Angleterre ?
   a) L'Eurotunnel.
   b) Le Pont d'Avignon.
   c) Le Pont du Gard.

4) _____ il y a à Poitiers ?
   a) Disneyland.
   b) Le Futuroscope.
   c) L'Océanopolis.

SCORE : /4

5 Qu'est-ce que c'est ?

1) C'est _____.

2) C'est _____.

1 Trouve un sujet possible pour chaque phrase.

1) ___Vous___ parlez à la radio.

2) _____ préparent une pizza.

3) _____ écoutons *Radio Monte-Carlo*.

4) _____ détestes les sports.

5) _____ n'aime pas le théâtre.

6) _____ cherche sa gomme.

7) _____ écoute mon baladeur.

8) _____ regardons un album.

9) _____ organisez des excursions ?

10) _____ adorent les animaux.

2 Fais des phrases avec un élément de chaque colonne.

1) Vous	mangent	le rock.
2) Nous	jouent	la télé.
3) Ils	chantes	un croissant.
4) Tu	saute	l'italien ?
5) J'	regardons	très bien.
6) Elle	parlez	3 mètres.
7) Elles	aime	la musique.
8) Il	adore	au football.

3 Complète avec le verbe *avoir*.

1) Ils ___ont___ un oiseau jaune.

2) Elle _____ deux sœurs.

3) Vous _____ des frères ?

4) Tu _____ quel âge ?

5) Nous _____ les cheveux longs.

6) J'_____ les yeux verts.

4 *Être* ou *avoir* ?

1) Vous ___êtes___ sympathiques !

2) Elles _____ un chien.

3) Vous _____ 16 ans ?

4) Nous _____ en 5e.

5) Ils _____ laids.

6) Nous _____ un message pour vous.

5 *Sont* ou *ont* ?

1) Ils ___ont___ de 13 à 16 ans.

2) Ils _____ très jeunes.

3) Ils _____ écologistes.

4) Ils _____ un programme très intéressant.

5) Ils _____ fantastiques.

6) Ils _____ intéressés.

6 Mots croisés. Complète avec le verbe *parler*.

7 Message pour les jeunes écologistes. Complète.

<u>Vous</u> êtes écologistes. Vous écout_____

Radio Verte. Vous _____ de 13 à 16 ans.

Vous aim_____ le sport. Vous ador_____

les animaux. Vous détest_____ la pollution.

_____ sommes l'association « L'Oiseau Bleu ».

Téléphonez-nous !

8 Écoute. Mets une croix quand tu entends un ordre.

1	2	3	4	5	6	7	8	9	10
X									

9 Complète cette lettre avec les verbes suivants.

être • adorer • avoir

Béziers, le 7 novembre _____

Chers amis de « L'Oiseau Bleu » :

Nous <u>sommes</u> un groupe de quatre copains.

Nous _____ en 5ᵉ et nous _____

tous 13 ans. Nous _____ comme vous :

nous _____ la nature et les animaux.

« L'Oiseau Bleu » _____ une association

géniale. Quelles _____ les activités

de décembre ? Vous _____ un

programme ?

Répondez vite ! Très amicalement,

Audrey   Claire   Gabriel   Pierre

10 Les parents de Marion, Bruno et Olivier ne sont pas à la maison. Olivier en profite ! Complète les ordres qu'il donne à son frère et à sa sœur.

Bruno et Marion !
Ne <u>regardez</u> pas la télé !
_____ des sandwiches !
_____ les fenêtres !

• Fermez   • regardez
• cherche   • Préparez

Et toi, Bruno, _____ mon livre de maths !

Oui, chef.

Oh là là !

la planète bleue
A LA PAROLE !

1 **Complète avec *le, la, l'* ou *les.***

1) On n'accepte pas ——— *les* ——— essais nucléaires.

2) ——————— océan est sale !

3) ——————— air pur, c'est ——————— santé !

4) Nous n'aimons pas ——————— pollution !

5) Vive ——————— oxygène !

6) J'adore ——————— nature.

7) ——————— monde est malade !

8) ——————— arbres sont mes amis.

2 **Retrouve les slogans suivants.**

1) La   Bleue   est   noire !   Planète

La Planète Bleue est noire ! _____

2) Vive   pur !   l'   nature,   la   vive   air

_____

3) Les   de   ennemis   sont   nature   la   ennemis.   mes

_____

4) planète   accepte   On   sale !   pas   une   n'

_____

5) L'   en   Attention !   est   danger.   océan

_____

quarante-cinq **45**

3 Complète avec *Je* ou *J'*.

1) _Je_ regarde les arbres.

2) _____ écoute l'océan.

3) _____ respecte la nature.

4) _____ adore les animaux.

5) _____ admire Jacques-Yves Cousteau.

6) _____ travaille dans une association.

7) _____ exige de l'air pur.

8) _____ aime ma planète.

4 Écris ces phrases à la forme négative.

1) Ils écoutent *Radio Verte*.

Ils n'écoutent pas Radio Verte.

2) J'aime la pollution.

_____

3) Vous acceptez les essais nucléaires.

_____

4) Nous avons la solution.

_____

5 Transforme la réponse.

a) ● Qu'est-ce que vous faites en classe ?

■ Nous écoutons des cassettes, nous chantons, nous parlons, nous jouons, nous travaillons.

On écoute des cassettes. _____

_____

_____

b) ● Qu'est-ce que vous faites le dimanche ?

■ On se promène, on déjeune en famille, on regarde la télé, on visite des musées, on invite des amis.

Nous nous promenons, _____

_____

_____

6 Écoute ces phrases. Elles sont à la forme affirmative ou négative ?

	1	2	3	4	5	6	7	8
affirmative	X							
négative								

c'est ABSURDE ?

1 **Relie la question et la réponse.**

1) Pourquoi tu fermes les yeux ?
2) Pourquoi tu n'aimes pas la gym ?
3) Pourquoi tu es triste ?
4) Pourquoi tu détestes Mélanie ?

a) Parce qu'elle est idiote.
b) Parce que je suis fatigué.
c) Parce que c'est très difficile.
d) Parce que mon chien est malade.

2 ***Pourquoi* ou *parce que* ?**

1) ___Pourquoi___ elle parle toute seule ?

   ___Parce qu'___ elle a un téléphone portable.

2) _____ ils ont les bras levés ?

   _____ ils se saluent.

3) _____ tu as la main sur la tête ?

   _____ je suis un indien.

4) _____ vous avez les yeux rouges ?

   _____ nous avons une allergie.

3 **Regarde l'image de l'exercice 2. Complète les questions.**

1) Il y a combien d'___enfants___ ?   Trois.
2) Il y a combien de _____ ?   Douze.
3) Il y a combien de _____ ?   Cinq.
4) Il y a combien de _____ ?   Un.

4 **Réponds.**

1) Il y a combien de livres dans ton sac ?

   _____

2) Tu as combien de matières cette année ?

   _____

5 **Écris le présent du verbe *avoir*.**

A				
V				
O				
N				
S				

sons et rythmes

1 Complète les nombres.

122 = cent _____vingt_____-deux

93 = quatre-vingt-_____

176 = cent _____-seize

84 = quatre-vingt-_____

2 Retrouve les nombres.

1) dix • huit • soixante

soixante-dix-huit

2) vingt • un • quatre

_____

3) quatre • cent • vingt • quinze

_____

4) dix • cent • soixante

_____

5) cent • et • trois • un • soixante

_____

3 Tous les numéros de téléphone de cet agenda ont une erreur. Écoute bien et corrige.

NOM	TÉLÉPHONE
Alice Mignon	03 80 78 85 16
Laura Calvet	04 66 38 66 00
Charles Altimir	02 32 34 12 88
Ael Bouvier	05 95 90 76 28

Alice : _____03 80 68 85 16_____

Laura : _____

Charles : _____

Ael : _____

4 Tu entends [z] de ou [s] de ?

	1	2	3	4	5	6	7	8
[z]								
[s]	X							

5 Écoute ces phrases. Écris **?** si c'est une question et **!** si c'est une exclamation.

1) Voilà les équipes finalistes _!_

2) Vous êtes prêts__

3) Vous préférez quelle enveloppe__

4) C'est une question difficile__

5) À vous de jouer__

6) Vous avez une réponse__

7) C'est incroyable__

8) Elles ont le même résultat__

Lis les phrases à haute voix et marque toutes les liaisons.

6 Écoute et souligne la syllabe accentuée.

Exemple : ma<u>tin</u>

Ce matin, mon voisin Célestin est mort dans son jardin. C'est le destin.

7 Écris un petit poème avec ces mots.

le chien • le pharmacien
Fabien • végétarien

_____

_____

_____

_____

_____

_____

BD

Vive la moto !

1 Numérote les phrases et retrouve l'histoire d'Antoinette et de François.

○ Quelle surprise ! François est le gagnant du concours « Vive la moto ! ».

① Antoinette et François sont à la maison.

○ François déteste les télégrammes.

○ Un facteur apporte un télégramme pour François.

○ Antoinette ouvre le télégramme.

○ Il est inquiet. Il pense que c'est grave.

Recopie l'histoire dans l'ordre.

Antoinette et François sont à la maison.

_____

_____

_____

_____

_____

_____

_____

_____

_____

_____

_____

2 Écoute et barre les lettres finales qui ne se prononcent pas.

3 Écris ces phrases à la forme négative.

1) Ils sont dans un hôtel.

Ils ne sont pas dans un hôtel.

2) François regarde la télé.

_____

_____

3) Il ouvre la porte.

_____

_____

4) Il aime les télégrammes.

_____

_____

Infos

Dossier 4

la France, tu connais ?

Tu as une bonne mémoire ?

Vrai ou Faux ?

Inauguration de l'Eurotunnel,
le 6 mai 1994.

V   F

1) La France a la forme d'un pentagone.

2) La Manche sépare la France de l'Angleterre.

3) Les Pyrénées séparent la France de l'Espagne.

4) Les Alpes séparent la France de la Belgique.

5) La Garonne passe par Toulouse et Bordeaux.

6) Il y a trois grands fleuves français qui se jettent dans l'Atlantique.

7) La Corse est une île française située dans l'Atlantique.

8) Lille est une grande ville du nord de la France.

9) La Seine passe par Lyon.

10) Marseille est un grand port de l'Atlantique.

Si tu as moins de 5 réponses correctes, regarde la carte de la page 46 du livre.

La Seine sous le pont Alexandre III, à Paris.

50 *cinquante*

TEST de compréhension ORALE

1 Quelle surprise !

a) Lis les phrases à compléter. Tu les comprends ?

1 La famille Martin est...

- **A** au Futuroscope. ○
- **B** au Parc Astérix. ○
- **C** à Disneyland Paris. ○

2 La famille Martin est de...

- **A** Béziers. ○
- **B** Besançon. ○
- **C** Brest. ○

3 Les Martin ont...

- **A** un fils et une fille. ○
- **B** deux filles. ○
- **C** trois enfants. ○

4 Les enfants ont...

- **A** 15 et 13 ans. ○
- **B** 16 et 13 ans. ○
- **C** 15 et 12 ans. ○

5 Les Martin sont les visiteurs...

- **A** « 1 million ». ○
- **B** « 2 millions ». ○
- **C** « 3 millions ». ○

6 Ils ont gagné...

- **A** 5 005 euros. ○
- **B** 5 055 euros. ○
- **C** 5 555 euros. ○

7 Monsieur Martin s'appelle...

- **A** Albert. ○
- **B** Robert. ○
- **C** Norbert. ○

8 Et ils ont gagné aussi...

- **A** une semaine à Disneyland, en Californie. ○
- **B** 15 jours à Disneyland Paris. ○
- **C** un week-end à Disneyland Paris. ○

b) Maintenant, écoute et coche d'une croix la bonne réponse.

2 Complète le résumé de la conversation.

Les Martin visitent (1) _____ pour la première fois. C'est une (2) _____ de Brest.

Les enfants ont (3) _____ et (4) _____ (5) _____. À l'entrée, il y a

(6) _____ journalistes, (7) _____ caméras, de la musique. Ils (8) _____

très surpris. Ce sont les visiteurs « 2 (9) _____ ». Ils ont gagné 5 555 (10) _____

et une (11) _____ à Disneyland, en Californie. (12) _____ formidable !

1 Complète.

1) Je regard——— la lune.

2) Elle cherch——— un numéro de téléphone.

3) Nous écout——— la radio.

4) Quels sports tu aim——— ?

5) Vous accept——— les essais nucléaires ?

6) Ils ador——— les animaux.

/6

2 Écris à la forme négative.

1) Il est dans ma classe.

_____

2) Elle parle l'espagnol.

_____

3) J'aime les concours.

_____

4) Ils jouent au foot.

_____

/4

3 Complète avec le, la, l' ou les.

C'est ——— amie de Catherine. Elle aime ——— cinéma, ——— excursions et ——— montagne. Moi, je préfère ——— théâtre, ——— opéra et ——— lecture.

/7

4 Décris chaque élément avec deux couleurs.

1) De quelle couleur est le feu ?

Il est ——— et ———.

2) De quelle couleur est l'océan ?

Il est ——— et ———.

3) De quelle couleur sont les zèbres ?

Ils sont ——— et ———.

/6

5 Où est la souris ?

1) _____ 2) _____ 3) _____

4) _____ 5) _____ 6) _____

/6

6 Trouve la question.

1) _____

C'est mon voisin.

2) _____

Il a 16 ans.

3) _____

Il a 3 frères.

4) _____

Parce qu'il est timide.

/4

7 Complète avec être ou avoir.

1) Ils ——— les cheveux longs.

2) Vous ——— italiens ?

3) Nous ——— une petite maison.

4) Tu ——— géniale.

5) Vous ——— 33 ans ?

6) J' ——— 2 frères.

7) Il ——— coiffeur.

/7

SCORE FINAL : /40

LEXIQUE

Voilà le vocabulaire de base du Dossier 4. Traduis les mots dans ta langue.

à côté (de) _____

à droite (de) _____

à gauche (de) _____

air *(masc.)* _____

arbre *(masc.)* _____

aujourd'hui _____

blanc / blanche _____

bleu(e) _____

concours *(masc.)* _____

couleur *(fém.)* _____

chercher _____

devant _____

derrière _____

drapeau *(masc.)* _____

écologique _____

écologiste _____

entre _____

enveloppe *(fém.)* _____

équipe *(fém.)* _____

facteur *(masc.)* _____

fantastique _____

fort(e) _____

gagner _____

herbe *(fém.)* _____

incendie *(masc.)* _____

intéressant(e) _____

jaune _____

jeu *(masc.)* _____

message *(masc.)* _____

monde *(masc.)* _____

nature *(fém.)* _____

neige *(fém.)* _____

noir(e) _____

oiseau *(masc.)* _____

orange _____

organiser _____

plante *(fém.)* _____

pollution *(fém.)* _____

prononcer _____

question *(fém.)* _____

réponse *(fém.)* _____

rose _____

rouge _____

santé *(fém.)* _____

serpent *(masc.)* _____

sous _____

sur _____

vers à soie *(masc. plur.)* _____

vert(e) _____

violet / violette _____

Écris d'autres mots que tu as appris dans ce dossier.

_____

_____

_____

AUTO-ÉVALUATION

Colorie en vert = très bien. Colorie en jaune = moins bien.

1 Je sais demander et dire où se trouve un objet.

2 J'indique la couleur d'un objet.

3 Je pose beaucoup de questions.

4 Je comprends bien des textes simples à l'écrit.

5 J'imite des intonations et je différencie les sons [z] et [s].

6 Je distingue et j'utilise à l'écrit le pluriel des verbes.

7 À l'écrit, je sais quand utiliser l'apostrophe.

8 Je comprends des slogans et des messages écologiques.

9 Je distingue les verbes au pluriel à l'oral.

10 Je donne des ordres à une ou plusieurs personnes.

11 Je fais régulièrement mes devoirs.

12 Je comprends la différence entre *pourquoi* et *parce que*.

13 Je soigne mon cahier.

14 Je sais quand utiliser le pronom *on*.

15 Je collabore avec mon équipe de jeu ou de travail.

16 J'écoute les interventions de mes camarades.

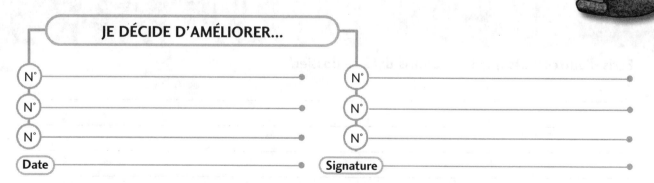

- Si tu as 3 ◆ en vert, ou plus, super ! Tu es enthousiaste et tu participes activement en classe.
- Si tu as 5 ● en vert, ou plus, ton français est déjà très bon, surtout à l'oral. Tu parles facilement et tu comprends sans doute très bien.
- Si tu as 2 ■ en vert, ou plus, l'écrit n'est pas un obstacle pour toi.
- Si tu as 2 ★ en vert, tu comprends de mieux en mieux comment fonctionne la langue française.

JE DÉCIDE D'AMÉLIORER...

N° _____

N° _____

N° _____

N° _____

N° _____

N° _____

Date _____

Signature _____

quelle heure EST-IL ?

1 **Complète.**

1) Il est midi ___et___ demie.

2) Il _____ trois _____ et demie.

3) _____ est cinq _____ dix.

4) Il _____ onze heures _____ quart.

5) _____ est deux heures _____ le quart.

2 **Écris l'heure qui correspond.**

six heures dix • onze heures
midi vingt-cinq • neuf heures moins le quart

1) Il est ___neuf heures moins___
___le quart___ .

2) Il est _____
_____ .

3) Il est _____
_____ .

4) Il est _____
_____ .

3 ***Midi* ou *minuit* ? Complète les questions et les réponses.**

1) Quelle ___heure___ est-il ?   00.00

   Il est ___minuit___ .

2) _____ heure est-il ?   12.30

   Il _____ .

3) Quelle heure _____ ?   12.00

   _____ est _____ .

4 **Écris l'heure de deux façons.**

1)   22.40

   a) _Il est onze heures moins vingt_ .

   b) _Il est vingt-deux heures quarante_ .

2)   9.55

   a) _____ .

   b) _____ .

3)   11.45

   a) _____ .

   b) _____ .

5 **Les moments de la journée et les repas. Complète.**

Le ___matin___ , je prends mon _____

_____ .   À _____ , je

_____ .   Et le _____ ,

je _____ .

6 **Le professeur méthodique.**

• Monsieur Portal se lève tous les jours à la même heure.

• Il prend son petit déjeuner 20 minutes plus tard.

• 40 minutes après son petit déjeuner, il prend l'autobus.

• Le trajet dure 30 minutes.

• Il arrive à l'école à 8 heures 25.

a) **À quelle heure se lève M. Portal ?**
b) **À quelle heure il prend l'autobus ?**

QUEL MYSTÈRE !

1 Écoute et marque la bonne réponse.

1) C'est...

   a) dimanche. ⭘

   b) mardi. ⭘

   c) vendredi. ⊗

2) Sarah...

   a) rentre chez elle. ⭘

   b) est en vacances. ⭘

   c) arrive à l'université. ⭘

3) Elle est...

   a) triste de rentrer. ⭘

   b) contente de rentrer. ⭘

   c) inquiète de rentrer. ⭘

4) Elle est...

   a) malade. ⭘

   b) fatiguée. ⭘

   c) triste. ⭘

5) Sarah ouvre la porte et...

   a) il y a un homme dans le studio ! ⭘

   b) tout est en ordre ! ⭘

   c) tout est en désordre ! ⭘

6) Il y a...

   a) des papiers sur la table. ⭘

   b) des papiers et des disquettes sur le tapis. ⭘

   c) des livres et des disquettes sur le canapé. ⭘

7) Le vase bleu colombien est...

   a) derrière la télé. ⭘

   b) à côté de la porte. ⭘

   c) devant la fenêtre. ⭘

8) Sarah ne trouve pas...

   a) les cassettes. ⭘

   b) les disquettes. ⭘

   c) les photos. ⭘

2 Recopie les phrases pour faire le résumé de l'histoire.

C'est vendredi. _____

_____

_____

_____

_____

_____

3 Un, une ou des ?

__une__ télé   _____ téléphone   _____ lampe   _____ chaises

_____ table   _____ papiers   _____ ordinateur   _____ tapis

_____ plante   _____ livres   _____ vase   _____ disquettes

_____ fleurs   _____ tableau   _____ photos   _____ appartement

mécanismes

4 Écoute. Vrai (V) ou faux (F) ?

1) La concierge parle avec M. Lamy. (F)

2) Mlle Lemercier et M. Lamy habitent dans le même immeuble. ◯

3) La concierge n'a pas les clés des appartements. ◯

4) La clé de Mlle Lemercier n'est pas là. ◯

5 Écoute. Quelles questions tu entends ?

1) Qu'est-ce qui se passe ? (X)

2) Pourquoi ? ◯

3) Vous êtes photographe ? ◯

4) Où est la clé de Mlle Lemercier ? ◯

5) Dans l'ascenseur seulement ? ◯

6 Retrouve les phrases.

1) passe ? • se • Qu'est-ce qui

   Qu'est-ce qui se passe ?

2) Mlle • connaissez • Est-ce que • Lemercier ? • vous

3) commissariat, • Accompagnez-moi • s'il vous plaît. • au

4) parfois • dans • l' • rencontre • On • ascenseur. • se

7 Complète avec les mots suivants.

voisine connaît **inspecteur** *dans* **explique** photographe

L' _____inspecteur_____ interroge M. Lamy. M. Lamy est _____. Il _____ Mlle Lemercier. Il _____ que c'est une _____ et qu'ils se rencontrent parfois _____ l'ascenseur.

8 Relie chaque mot à sa définition.

1) un suspect

2) un(e) voisin(e)

3) un inspecteur

4) un(e) concierge

a) Personne qui travaille dans la police.

b) Personne qui s'occupe d'un immeuble.

c) Personne susceptible d'être coupable.

d) Personne qui habite à côté de chez moi.

Dossier 5

c'est UN VOLEUR ?

1 **Regarde les vignettes et complète.**

1) Qu'est-ce qu' _elle_ fait ?

Elle _dîne_ tranquillement.

2) Qu'est-ce _____ ?

Elle _____ la télé.

3) Qu'_____ ?

Elle _____ un grand vase.

4) Qu'est-ce qu'_____ fait ?

Elle _____ silencieusement le salon.

5) ____ est-ce _____ ?

Elle _____ la porte de la cuisine.

6) _____ fait ?

Elle _____ le vase.

2 **Complète.**

1) Est-_ce qu_'elle _____ la télé ?

2) ____ ce ____ elle ____ seule ?

3) ____ que c'est ____ voleur ?

4) ____ il est ____ la cuisine ?

3 **Complète avec le verbe _faire_.**

1) Tu ____ _fais_ ____ un sandwich.

2) Vous _____ le clown.

3) Nous _____ les exercices.

4) Elles _____ un puzzle.

4 **Complète les questions avec _Est-ce que… ?_ ou _Qu'est-ce que… ?_**

1) ____ _Est-ce que_ ____ Mme Tatin est la concierge ?   Oui, c'est la concierge.

2) _____ elle fait ?   Elle dîne.

3) _____ elle regarde la télé ?   Oui, elle regarde la télé.

4) _____ elle lance ?   Un grand vase.

5) _____ c'est un voleur ?   Non, c'est un chat.

un étrange POUVOIR

1 Classe les articles *au, à la, à l'* et *aux* dans le tableau, et trouve deux exemples pour chaque cas. Tu peux consulter ton livre, page 53.

	masculin	féminin
singulier	• devant consonne ___au___ 1) ___au gymnase___ 2) _____	• devant consonne _____ 1) _____ 2) _____
	• devant voyelle ou « h » _____ 1) _____	2) _____
pluriel	• _____ 1) _____	2) _____

2 Où va Cristal ? Complète.

1) ___Elle va à___ ___la morgue.___

2) _____

3) _____

4) _____

3 Complète avec le verbe *aller.*

1) ● Où est-ce que tu ___vas___ ?

■ Je _____ chez moi.

2) ● Vous _____ chez le médecin ?

■ Non, nous _____ chez le dentiste.

3) ● Où est-ce qu'elles _____ ?

■ Elles _____ à la piscine.

4 Complète.

1) a) Elle regarde ___la___ tour Eiffel.

b) Elle va ___à la___ tour Eiffel.

2) a) Il est _____ cinéma.

b) Il aime _____ cinéma.

3) a) Vous travaillez _____ université.

b) Vous allez _____ université ?

5 *Sont, font, vont* ou *ont* ? Complète et retrouve l'infinitif des verbes.

Le week-end, Cristal et ses amis (1) ___ont___ le temps de faire beaucoup d'activités : ils (2) _____ du sport, ils (3) _____ à la montagne, ils (4) _____ de longues promenades, ils (5) _____ au théâtre et au cinéma. Ils (6) _____ toujours très occupés !

A L L E R   _ _ _ R E   _ _ O I R   _ _ R E

les activités QUOTIDIENNES

1 Bernard est dessinateur de BD. Écoute et écris les heures sur son agenda.

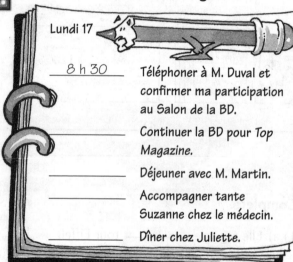

Lundi 17

_8 h 30_   Téléphoner à M. Duval et confirmer ma participation au Salon de la BD.

_____   Continuer la BD pour _Top Magazine_.

_____   Déjeuner avec M. Martin.

_____   Accompagner tante Suzanne chez le médecin.

_____   Dîner chez Juliette.

Raconte la journée de Bernard. Qu'est-ce qu'il fait...

1) le matin ? _Il téléphone à M. Duval et..._

_____

2) à midi ? _____

3) l'après-midi ? _____

4) le soir ? _____

2 Dans quel ordre tu réalises ces actions ? Numérote.

a) Je m'habille.   ◯

b) Je me brosse les dents.   ◯

c) Je me coiffe.   ◯

d) J'enlève mon pyjama.   ◯

e) Je prends mon petit déjeuner.   ◯

f) Je prépare mon sac.   ◯

g) Je me lève.   ◯

h) Je dis « bonjour » à ma famille.   ◯

i) Je pars pour l'école.   ◯

j) Je me réveille.   ①

k) Je mets mes pantoufles.   ◯

l) Je me lave.   ◯

3 Complète.

1) Je __me__ réveill_e_.

2) Tu _____ lav____.

3) Il _____ douch____.

4) Nous _____ habill____.

5) Vous _____ promen____.

6) Elles _____ couch____.

Il se douche !

4 Qu'est-ce que tu fais...

1) le dimanche matin ?

_____

_____

2) le jeudi après-midi ?

_____

_____

3) le samedi soir ?

_____

_____

4) le dimanche à midi ?

_____

_____

5) le lundi à 11 h ?

_____

_____

5 Bernard est au Salon de la BD à Angoulême et il écrit à son frère. Complète la lettre.

dîner • prendre • se lever • avoir
s'habiller • être • déjeuner

Cher Bob,

Ici tout se passe très bien. Normalement je

_____ à 7 h du matin et je _____

très vite. À 7 h 30, je _____

mon petit déjeuner, et à 8 h j'arrive au Salon

de la BD. C'est super ! Il y a beaucoup

de dessinateurs et ils _____

des idées géniales. C'est très intéressant !

À midi je _____ dans

un petit restaurant, et l'après-midi je

_____ libre, alors je travaille pour

finir la BD pour *Top Magazine*. Le soir,

je _____ à l'hôtel et

6 Où est-ce que tu entends ces phrases ?

1) Prenez vos livres.

_c) - e) - i)_ _____

2) Vos tickets, s'il vous plaît.

_____

3) Respirez profondément.

_____

4) Chut ! Silence !

_____

5) Une chambre simple ou double ?

_____

6) L'avion à destination de Paris...

_____

a) à l'hôpital

b) au restaurant

c) à l'école

d) à l'aéroport

e) à la bibliothèque

f) dans un bus

g) chez le docteur

h) à l'hôtel

i) en classe

j) en cours de yoga

sons et rythmes

1 Écoute et complète le poème.

Quelle heure est-il ?

Dit Noémie.

_____ _____ 6 heures,

Dit _____ mari.

Oh, quelle horreur !

Oh, _____ malheur !

J'ai rendez-vous

Chez _____ docteur !

Alors, chérie,

Prends _____ _____ :

Il est déjà _____ _____ _____ _____ !

Souligne les mots qui se terminent par le son [i].

Exemple : dit

2 Écoute et complète.

Mon _ch_ éri, ton _____ien _____arlie est _____ez moi. Ne le _____er_____e pas !

a) Répète la phrase à un(e) camarade. Attention : il / elle est sourd(e) !

b) Répète la phrase à un(e) camarade. Attention : c'est un secret !

3 Invente des phrases amusantes avec ces mots.

inspecteur • ascenseur • voleur • heure
professeur • pleure • horreur • sœur
coiffeur • baladeur

1) _Dans l'ascenseur, un voleur demande_ _____

l'heure à un inspecteur. 2) _____

_____

_____

_____

_____

_____

_____

_____

4 Trouve la lettre qui manque.

_____ante _____hérèse est _____ris_____e parce qu'elle a beaucoup de _____ravail : _____ranspor_____er _____ren_____e _____apis, _____rois _____ables _____ransparen_____es et _____reize _____ableaux, c'est _____rop !

5 Trouve la réponse qui rime.

1) Pourquoi elle chante ? ——————

2) Pourquoi elle aime Mathieu ?

3) Pourquoi elle crie ?

4) Pourquoi elle pleure ?

5) Pourquoi elle danse ?

a) Parce qu'il est merveilleux.

b) Parce qu'elle est contente.

c) Parce qu'il y a un serpent sur son lit !

d) Parce qu'elle est en vacances.

e) Parce que c'est l'heure.

La nuit DE NOSFER

1 Tu as une bonne mémoire ?
Complète le texte de la BD.

1) La pleine _____. Une _____ infernale.

2) Nosfer _____ de bonne humeur.

3) Il _____ les dents.
Il _____ sur les canines.

4) Il _____.

5) Il _____.

6) Une heure _____...

7) « Ah, Nosfer ! _____ tu es là ! »

2 Associe chaque phrase à une vignette.

a) Elle est seule. ⑥

b) Il se réveille la nuit. ◯

c) Il aime avoir les dents très blanches. ◯

d) Elle est contente, son copain est là. ◯

e) Il est minuit. ◯

f) Il pleut. ◯

g) Il est une heure moins vingt. ◯

h) Il est coquet. ◯

Vrai ou Faux ?

Une rue à Dijon.

V **F**

LA FRANCE

1) Plus de 100 nationalités différentes coexistent en France.

2) Marianne symbolise la justice.

3) Le drapeau français est vert, blanc et rouge.

4) La France a plus de 50 millions d'habitants.

FRANÇAIS, MAIS AUSSI EUROPÉENS

V **F**

5) L'hymne européen est l'*Hymne à la joie* de Beethoven.

6) La journée de l'Europe est le 9 juillet.

7) Il y a 15 étoiles sur le drapeau européen.

8) Le Conseil de l'Europe se réunit à Bruxelles.

9) Sur les passeports français, il y a écrit : « Communauté Européenne ».

10) La monnaie européenne s'appelle l'euro.

Si tu as moins de 5 réponses correctes, relis les documents des pages 58 et 59 du livre.

La Mini-Europe, à Bruxelles :
un parc où sont reproduits en miniature
des monuments des pays de l'UE.

TEST de compréhension ORALE

1 **Tu joues avec moi ?**

a) Lis les phrases à compléter. Tu les comprends ?

1 **Thierry et Marion sont...**

- A — dans un parc. ◯
- B — dans la cour de l'école. ◯
- C — dans le salon. ◯

2 **Thierry...**

- A — propose un jeu à sa sœur. ◯
- B — accepte de jouer avec sa sœur. ◯
- C — n'accepte pas de jouer avec sa sœur. ◯

3 **Dans le jeu, Marion...**

- A — cache un objet et Thierry le trouve. ◯
- B — pense à un objet et Thierry le devine. ◯
- C — décrit un objet et Thierry le devine. ◯

4 **Thierry peut poser...**

- A — 5 questions maximum. ◯
- B — 10 questions maximum. ◯
- C — 3 questions maximum. ◯

5 **Thierry pose des questions sur...**

- A — les dimensions, l'emplacement et la couleur de l'objet. ◯
- B — la forme et la couleur de l'objet. ◯
- C — l'emplacement et la couleur de l'objet. ◯

6 **Marion dit *non*...**

- A — 9 fois. ◯
- B — 8 fois. ◯
- C — 7 fois. ◯

7 **Pour découvrir l'objet, Thierry pose...**

- A — 10 questions. ◯
- B — 8 questions. ◯
- C — 6 questions. ◯

8 **L'objet se trouve...**

- A — derrière Thierry, sur un meuble. ◯
- B — devant la télé, sur un meuble. ◯
- C — devant Thierry, sur un meuble. ◯

9 **L'objet est...**

- A — jaune et vert. ◯
- B — rose et blanc. ◯
- C — jaune et rose. ◯

10 **L'objet est...**

- A — un vase. ◯
- B — une photo. ◯
- C — une plante. ◯

b) Maintenant, écoute et coche d'une croix la bonne réponse.

2 **Complète le résumé de la conversation.**

Marion (1) ——————— un jeu à Thierry. Elle (2) ——————— à un objet qui se trouve dans le salon et Thierry (3) ——————— ce que c'est. Il n'a pas le droit de (4) ——————— plus de (5) ——————— questions. L'objet se trouve (6) ——————— Thierry, sur une (7) ———————. C'est un (8) ——————— rose et (9) ——————— .

1 Écris l'heure.

1) _____

3) _____

2) _____

4) _____

/4

2 Qu'est-ce qu'il fait ?

1) _____

2) _____

3) _____

4) _____

/4

3 Écris deux actions que tu réalises...

1) le matin. _____

2) l'après-midi. _____

3) le soir. _____

/6

4 Complète les questions que l'inspecteur pose à Mme Tatin.

1) Est-_____ vous êtes la concierge ?

2) _____ vous _____ les clés de tous les appartements ?

3) _____ de personnes _____ dans l'immeuble ?

4) Qu'est-ce que vous _____ le matin ?

5) Où est-ce que vous _____ l'après-midi ?

/7

5 Où va Françoise ?

1) Elle _____.

2) Elle _____.

3) Elle _____.

4) Elle _____.

/4

SCORE FINAL : /25

LEXIQUE

Voilà le vocabulaire de base du Dossier 5. Traduis les mots dans ta langue.

appartement *(masc.)* ——————

après-midi *(masc. ou fém.)* ——————

bibliothèque *(fém.)* ——————

chat / chatte ——————

chez ——————

clé *(fém.)* ——————

commissariat *(masc.)* ——————

concierge *(masc. ou fém.)* ——————

coupable ——————

crier ——————

déjeuner ——————

déjeuner *(masc.)* ——————

dîner ——————

dîner *(masc.)* ——————

étrange ——————

faire ——————

goûter ——————

goûter *(masc.)* ——————

gymnase *(masc.)* ——————

habiter ——————

heure *(fém.)* ——————

immeuble *(masc.)* ——————

inspecteur *(masc.)* ——————

journaliste *(masc. ou fém.)* ——————

kidnappé(e) ——————

matin *(masc.)* ——————

midi *(masc.)* ——————

minuit *(masc.)* ——————

nuit *(fém.)* ——————

ombre *(fém.)* ——————

ordinaire ——————

papier *(masc.)* ——————

petit déjeuner *(masc.)* ——————

peur *(fém.)* ——————

photographe *(masc. ou fém.)* ——————

pouvoir ——————

rentrer ——————

repas *(masc.)* ——————

s'habiller ——————

salon *(masc.)* ——————

se brosser les dents ——————

se coucher ——————

se laver ——————

se lever ——————

se promener ——————

se réveiller ——————

seul(e) ——————

soir *(masc.)* ——————

soleil *(masc.)* ——————

tapis *(masc.)* ——————

temps *(masc.)* ——————

vase *(masc.)* ——————

voler ——————

voleur / voleuse ——————

Écris d'autres mots que tu as appris dans ce dossier.

AUTO-ÉVALUATION

Colorie en vert = très bien. Colorie en jaune = moins bien.

1 Je parle de ma vie quotidienne.

2 Je dis et je demande l'heure.

3 Je prononce bien les sons [s], [ø] et [œ].

4 Je raconte la journée de quelqu'un.

5 J'interviens en français en classe.

6 Je comprends un récit enregistré assez long.

7 Je comprends quand on utilise *tu* ou *vous*.

8 Je participe avec enthousiasme à une représentation théâtrale.

9 Je récite facilement un poème.

10 Je fais de moins en moins de fautes quand je copie.

11 Je reconnais un verbe pronominal et je sais le conjuguer.

12 Je déduis le sens d'un mot inconnu dans un texte.

13 Je sais dire où je vais.

14 Je respecte le silence pour bien travailler.

15 Je réfléchis sur la forme interrogative.

16 Je comprends les textes écrits du livre.

- *Si tu as 2 ◆ en vert, ou plus, ton attitude et ta participation t'aident à progresser. Très bien !*
- *Si tu as 6 ● en vert, ou plus, bientôt champion / championne à l'oral !*
- *Si tu as 2 ■ en vert, ou plus, l'écrit n'est pas un obstacle pour toi. Bravo !*
- *Si tu as 2 ★ en vert, ou plus, tu comprends de mieux en mieux comment fonctionne la langue française.*

JE DÉCIDE D'AMÉLIORER...

N° _____   N° _____

N° _____   N° _____

N° _____   N° _____

N° _____   N° _____

Date _____   Signature _____

1 Associe une saison à chaque dessin.

1) _____ 2) _____

3) _____ 4) _____

2 Associe 2 couleurs à chaque saison.

- blanc
- bleu
- noir
- jaune
- vert
- violet
- orange
- rouge
- roux
- marron
- rose
- gris

L'hiver est _____

_____ .

Le printemps est _____

_____ .

L'été est _____

_____ .

L'automne est _____

_____ .

3 Décris chaque saison avec les informations suivantes.

- Il fait chaud.
- Les feuilles tombent.
- Il fait beau.
- Le soleil brille.
- Il pleut.
- Le ciel est gris.
- Il fait froid.
- Le ciel est bleu.

L'ÉTÉ : _____

_____

_____

L'AUTOMNE : _____

_____

_____

4 Reconstitue le poème à l'aide de cette boîte à mots. Attention aux rimes !

> Je mets • il pleut • il fait chaud
> chez moi • un cadeau
> un chapeau • C'est merveilleux
> il fait beau • il fait froid

Quand _il fait chaud_ _____

_____ .

Quand _____

Je reste _____ .

Quand _____

C'est _____ .

Et quand _____

_____ !

🎵 Écoute cette version. Comment se prononce le « d » dans *quand il...* ? _____

AU ZOO

1 Que fait Napo ? Raconte.

 5 h 30

 6 h 45

 12 h 15

 7 h 30

1) _Il se réveille à..._ _____

2) _____

3) _____

4) _____

2 Relie les phrases pour trouver les slogans de la manifestation.

1) Zoo égale   a) sont malades.

2) Nous n'acceptons pas   b) quelle horreur !

3) Les zoos sont   c) zéro.

4) Nous n'aimons pas   d) des hôpitaux.

5) Les animaux pleurent,   e) les prisons d'animaux.

6) Attention ! Les animaux   f) les animaux tristes.

3 Tu connais Juliette ? Complète.

Elle ___s'appelle___ Juliette. Elle _____ 25 _____.

Elle _____ à une manifestation contre _____

animaux en captivité. Elle _____ membre d'_____

association pour _____ défense _____ animaux.

4 Juliette parle de son association. Que dit-elle ?

Nous ___avons___ un local très modeste. Nous _____

des conférences et des activités. Nous _____ à des

manifestations. Nous nous _____ des animaux

abandonnés. Nous _____ énormément de travail ! Venez

à notre association ! Vous serez les bienvenus.

5 Zoo inventaire. Écoute et entoure en rouge quand tu entends le son [z].

6 Message codé. Termine de décoder le message que Béatrice a trouvé sur sa table en classe de maths.

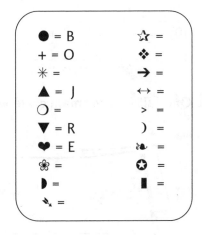

●+ ✳▲ + ○ ▼, ● ❤❀!
B _ _ _ _ _ U _, _ _ A !

▲ ❤   ◗'❧✳ ☆❧ ◗ ❤   ❀ ❖❀ ➔❤◗❤
_ _   T'_ _ V _ _ _ _   _   _ _   _ E _ _

↔❤   >+✳   ❀✳❀❧☆❤▼)❀❧▼❤,
_ _   _O_   _ _ _ _ _ _ _R_ _ _ _ _ ,

▲❤○↔❧ 16.
J _ _ _ _ _ 16.

)❧ ◗○❤) ↔❀☙☙+▼↔,
_ _ _ _ _S_ _ _C_ _ _ _ _,

❖❤☆❤ ❖❀ >❀❧✳ ★❀○☙▮❤.
_ _ _ _ L _ _ _I_ G_ _ _ _ _.

❀ ●❧❤✳◗ +◗. ●❤▼✳❀▼↔.
_ _ _ _ _ _ _ _ _. _ _ _ _ _ _ D.

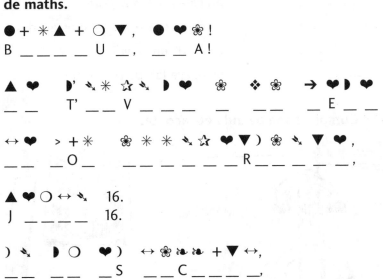

● = B   ☆ =
+ = O   ❖ =
✳ =   ➔ =
▲ = J   ↔ =
○ =   > =
▼ = R   ) =
❤ = E   ❧ =
❀ =   ★ =
◗ =   ▮ =
❧ =

7 Surprends tes copains avec cette opération magique !

1) Choisis en secret un nombre de 3 chiffres. *Exemple : 673*
2) Multiplie par 2 le premier chiffre. *Exemple : 6 x 2 = 12*
3) Ajoute 8 au résultat obtenu. *Exemple : 12 + 8 = 20*
4) Multiplie le résultat par 5. *Exemple : 20 x 5 = 100*
5) Ajoute le 2ᵉ chiffre du nombre secret. *Exemple : 100 + 7 = 107*
6) Multiplie le tout par 10. *Exemple : 107 x 10 = 1070*
7) Ajoute le 3ᵉ chiffre du nombre secret. *Exemple : 1070 + 3 = 1073*
8) Retranche 400. *Exemple : 1073 – 400*

Qu'est-ce qui se passe ? _____

SUPER-MAMIE

1 **Lis l'emploi du temps de « super-mamie » à la page 64 du livre. Après, pose les questions.**

1)	*Comment elle s'appelle* ?	Mélodie Simpson.
2)	_____ ?	75 ans.
3)	_____ ?	Entre 5 et 6 heures.
4)	_____ ?	Un bon petit déjeuner.
5)	_____ ?	Elle planifie sa journée.
6)	_____ ?	Un peu de gymnastique.
7)	_____ ?	En moto.
8)	_____ ?	Au café *Les quatre fleurs*.
9)	_____ ?	Parce qu'elle adore les promenades.
10)	_____ ?	En fin d'après-midi.
11)	_____ ?	Non, elle fait du parapente.

2 **Que fait « super-mamie » le week-end ? Complète son agenda et raconte.**

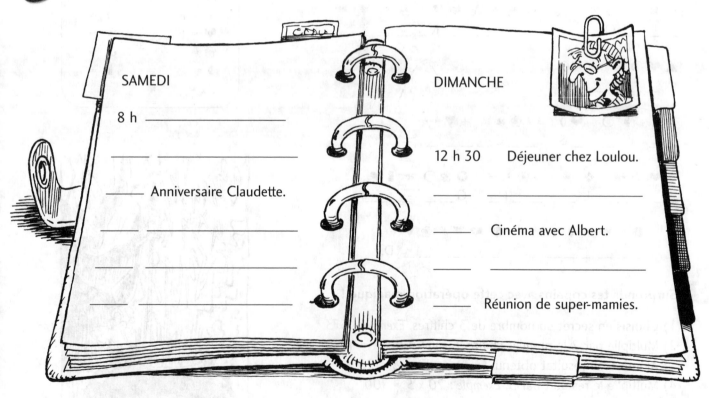

SAMEDI

8 h _____

____ _____

____ Anniversaire Claudette.

____ _____

____ _____

____ _____

DIMANCHE

12 h 30   Déjeuner chez Loulou.

____ _____

____ Cinéma avec Albert.

____ Réunion de super-mamies.

Elle se réveille à 8 heures. _____

_____

_____

1 Observe ce qui se passe dans cette classe et complète les bulles avec les phrases suivantes.

1) Il a copié sur moi !

2) Je me suis trompé de sac.

3) J'ai oublié mes lunettes.

4) Elle m'a mis le doigt dans l'œil.

5) Elle a pris ma règle !

6) Il a écrit sur ma table..

7) Excusez-moi, je suis allé chez le dentiste.

8) Il m'a donné un coup de pied !

9) Bonjour ! J'ai dit « Bonjour !!!! »

10) Elle a caché mon compas !

2 Tu as passé un week-end dans les Alpes. Raconte-le en fonction des options proposées.

Chère grand-mère, ☐   Cher papa, ☐
   Julie, ☐   Alfred, ☐
   Mme Durand, ☐   M. Dupont, ☐

Ce week-end, je suis allé(e) dans les Alpes   chez mon oncle milliardaire. ☐
      dans un hôtel romantique. ☐
      dans un camping. ☐

J'ai passé trois jours   fantastiques. ☐   Le 1er jour, je me suis trompé(e) de   car ☐
     magiques. ☐   train ☐
     horribles. ☐   limousine ☐

et j'ai rencontré   l'abominable homme des neiges. ☐
     Julia Roberts. ☐
     le président de la République. ☐

Nous avons dîné   au « Cochon fleuri ». ☐
     dans le téléphérique. ☐
     dans un restaurant très chic. ☐

Le samedi, j'ai fait   du parapente ☐   et   j'ai perdu mes lunettes. ☐
     les devoirs ☐   et   j'ai eu le vertige. ☐
     la sieste ☐   et   je suis tombé(e). ☐

Le dimanche, j'ai joué aux cartes avec   un gangster. ☐
     un ours. ☐
     un alpiniste. ☐

Il a triché et alors ☐   il m'a invité à manger une glace. ☐
Il a gagné et alors ☐   il m'a insulté. ☐
Il a perdu et alors ☐   il m'a embrassé. ☐

À mon retour, tu vas être   démoralisé(e) ☐
     surpris(e) ☐
     content(e) ☐

parce j'ai changé   de couleur de cheveux. ☐
     d'ordinateur. ☐
     de sac. ☐

À bientôt,

LA FRANCE GÉOGRAPHIQUE

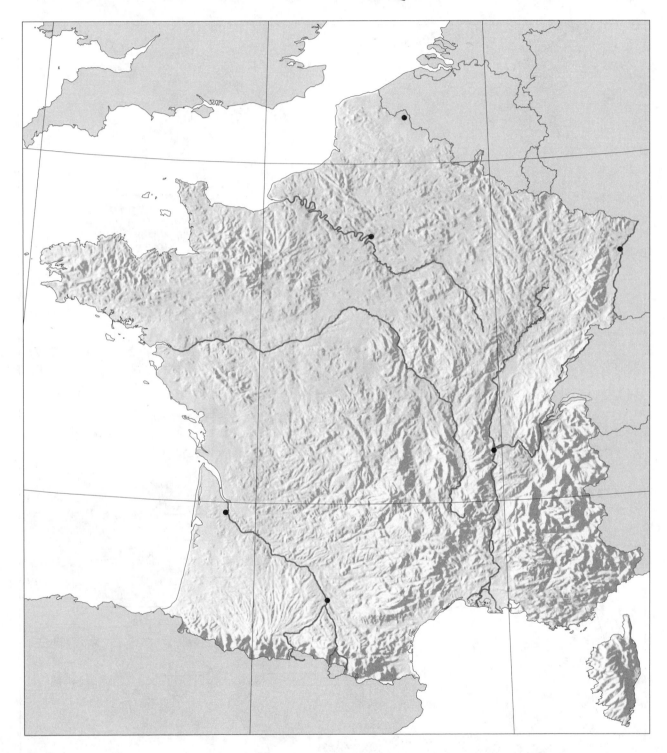

1 Place ces mots sur la carte à l'endroit correspondant : Mer Méditerranée, Paris, Alpes, Rhône, Mer du Nord, Loire, Pyrénées, Lille, Bordeaux, Seine, Lyon, Océan Atlantique, Toulouse, Garonne, Manche, Strasbourg.

2 Connais-tu quelqu'un qui habite en France ? Où exactement ? Indique-le sur la carte.

L'EUROPE POLITIQUE

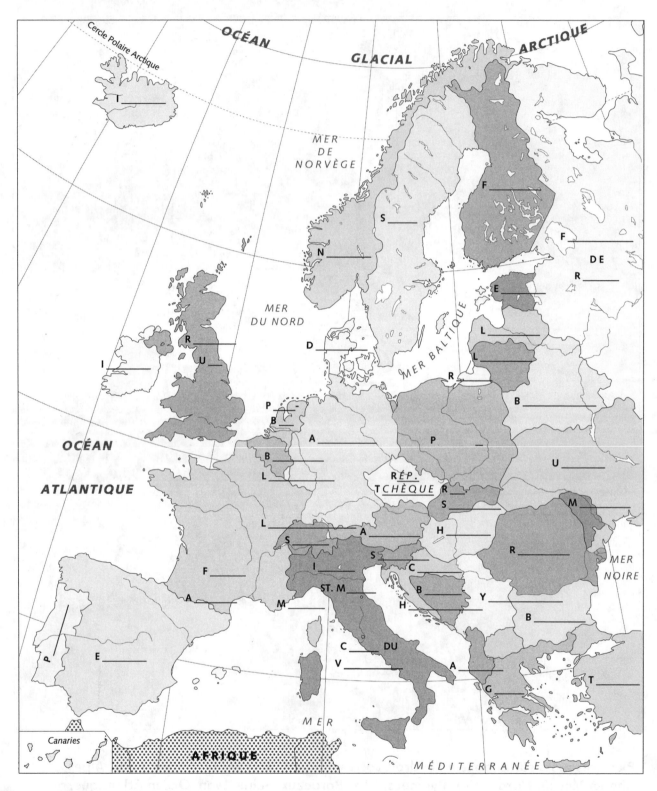

1 Complète le nom de chaque pays.

2 Place sur la carte le nom de ta ville ou de ton village.